ARQUITETO
EMPREENDEDOR

O ÚNICO LIVRO
PARA PROFISSIONAIS
CONSTRUÍREM
NEGÓCIOS INOVADORES
E LUCRATIVOS

Diretora
Rosely Boschini

Gerente Editorial Pleno
Franciane Batagin Ribeiro

Assistente Editorial
Bernardo Machado

Produção Gráfica
Fábio Esteves

Preparação
Carolina Melo

Capa
Mariana Bocewicz Ferreira

Projeto Gráfico e Diagramação
Gisele Baptista de Oliveira

Imagens
Linea Editora

Revisão
Andréa Bruno
Algo Novo Editorial

Impressão
Loyola

Copyright © 2022 by Fabio Ordones, Lucas Almeida, Pedro Greghi, Thiago Sodré e Vitor Martinelli
Todos os direitos desta edição são reservados à Editora Gente.
Rua Natingui, 379 – Vila Madalena
São Paulo, SP – CEP 05443-000
Telefone: (11) 3670-2500
Site: www.editoragente.com.br
E-mail: gente@editoragente.com.br

Dados Internacionais de Catalogação na Publicação (CIP)
Angélica Ilacqua CRB-8/7057

Arquiteto empreendedor / Thiago Sodré... [et al]. – São Paulo: Gente Autoridade, 2022.
192 p.

ISBN 978-65-88523-43-8

1. Negócios 2. Empreendedorismo 3. Arquitetos I. Sodré, Thiago

---

22-0886 CDD 174.4

Índice para catálogo sistemático:
1. Administração de empresas

CARO(A) LEITOR(A),
Queremos saber sua opinião sobre nossos livros.
Após a leitura, curta-nos no facebook.com/editoragentebr, siga-nos no Twitter @EditoraGente e no Instagram @editoragente e visite-nos no site www.editoragente.com.br.
Cadastre-se e contribua com sugestões, críticas ou elogios.

NOTA DA PUBLISHER

Para os profissionais de arquitetura ou de design de interiores, trilhar os próprios caminhos no mercado pode ser, por vezes, um meandro. Apesar disso, muitos seguem suas paixões e tornam-se empreendedores, construindo negócios que, além de rentáveis, têm personalidade. É o caso dos queridos autores Fábio Ordones, Lucas Almeida, Pedro Greghi, Thiago Sodré e Vitor Martinelli.

Por isso, com muita alegria, comemoro a chegada de *Arquiteto empreendedor* às suas mãos, caro leitor. Fruto da dedicação e experiências desses cinco profissionais do setor de arqdecor – também especialistas em gestão, marketing e publicidade –, encabeçados por Thiago Sodré, CEO do Club&Casa Design, os autores dividem todos os conhecimentos adquiridos no mercado sobre empreendedorismo e em quase uma década de consultorias, mentorias, cursos e eventos.

Aqui, você aprenderá como aplicar o método **7 Ps do profissional de arqdecor empreendedor** por meio dos exemplos, dos *cases*, das dicas e dos materiais cuidadosamente elaborados e selecionados pelos autores. O segredo do sucesso, na visão de Fábio, Lucas, Pedro, Thiago e Vitor é enxergar o trabalho de arquitetura e de design de interiores como um empreendimento, traçando metas, definindo objetivos e aprendendo a geri-las.

Neste livro, você descobrirá que empreender é o melhor negócio, e que, ao explorar todas as suas habilidades e aprender novas competências, percorrerá tranquilamente o caminho até o sucesso.

Desejo a você uma boa jornada e uma boa leitura!

ROSELY BOSCHINI
CEO E PUBLISHER DA EDITORA GENTE

Dedicamos este livro a todos os empresários da arquitetura, do design de interiores e da construção civil que fazem ou já fizeram parte da nossa jornada e que encontramos em nossas plataformas, nossos cursos e empreendimentos, os quais já somam mais de 25 mil escritórios em todo o país.

Dedicamos a vocês uma única verdade. A verdade de que existe um mercado com potencial gigantesco a ser mais bem explorado pelos profissionais do setor que, se forem preparados da maneira correta, dando atenção a detalhes da gestão de seus escritórios e empresas, podem ter resultados melhores com enorme impacto positivo em suas vidas, tanto profissional quanto pessoal.

São esses profissionais que acreditam que o empreendedorismo é um dos principais motores da economia e, por isso, buscam ser um pouco melhores a cada dia.

OS AUTORES

PREFÁCIO

O que é a visão 360º que insisto que todos que trabalham comigo devem ter? É o olhar apurado, é ver além da superfície, do que é raso. É descobrir oportunidades e capacidades a cada novo lugar ou a cada nova pessoa que temos contato. E esse talvez seja o maior ensinamento deste livro que você tem em mãos agora: como você gere o seu escritório? Como potencializa e melhora a experiência dos seus clientes? Como a sua empresa cresce? Será que não existem oportunidades que você ainda não conseguiu enxergar ou explorar? Pense nisso.

Tudo passou significativamente a fluir quando comecei a realmente aplicar isso em minha vida, e descobri, então, o segredo para construir empresas de sucesso na área da construção civil: a cooperação. São anos conhecendo e participando ativamente desse setor e, na contramão de ser maior, ser melhor e mais eficiente de maneira coletiva foi o modo mais eficaz para ter um crescimento significativo. E o mais interessante: todos crescem juntos.

Assim, na expectativa de construir um projeto de impacto que fosse além das experiências do Club&Casa Design, juntei-me em 2016 a uma startup com ferramentas extremamente eficazes para a gestão de escritórios de arquitetura. E foi assim que Lucas Almeida – hoje, CFO do Club – e Vitor Martinelli – cofundador do Archclub – entraram nessa rica história de colaboração mútua. O projeto era grandioso, mas percebemos que, embora a ferramenta fosse eficiente, os profissionais de arquitetura e de decoração precisavam, antes de tudo, de conteúdo para que pudessem amenizar a sua grande dor: embora muitas vezes fossem bons e conhecidos, havia um grande *deficit* na parte de gestão. E foi assim que, em 2017, nos unimos ao Serviço Brasileiro de Apoio às Micro e Pequenas Empresas (Sebrae), remodelando o curso Arquiteto Empreendedor, que impactou mais de sete mil escritórios de arquitetura e resultou em mais de quatrocentas consultorias.

Três anos depois, em 2020, em um cenário de pandemia, em que todos estavam se retraindo e tentando sobreviver, tomamos uma atitude que para alguns poderia parecer loucura: expandir. Mas como? E temos então a história desse grande empreendedor, Fábio Ordones. Pois é, eu me uni ao "concorrente". Brincadeiras à parte, tudo aconteceu de uma maneira totalmente despretensiosa. Fábio é presidente do Núcleo Metropolitano de Arquitetura e Design e é alguém que admiro muito por diversos motivos, mas principalmente por sua liderança, cultura e visão multirregional. A ideia era apenas trocarmos algumas figurinhas sobre o mercado em uma conversa de trinta minutos. Mas esse bate-papo durou quatro horas e, com ele, veio novamente a percepção da importância de buscar pessoas complementares para somar. Dessa maneira, criamos o Grupo A2, que veio para potencializar toda a cadeia da construção civil e fortaleceu ainda mais toda a nossa essência de gestão de conteúdo e acesso a iniciativas inovadoras e pioneiras no setor.

Nesse sentimento de cooperar para crescer, o Projeto Jovem Arquiteto – maior plataforma de educação focada em arquitetura do país – também foi outro grande encontro. Desde 2018, começamos a construir uma relação a partir dos seus cursos extremamente didáticos para arquitetos.

E, de lá para cá, Pedro Greghi, fundador do Projeto Jovem Arquiteto, e seu sócio Wender Agüero capacitaram nove mil estudantes, recém-formados e escritórios de arquitetura. Em janeiro de 2022 fechamos uma parceria para lançar o PJA+, uma inovadora plataforma de *streaming* em que os assinantes podem usufruir de todos os cursos que precisarem em um só lugar.

São jornadas diferentes, mas que se uniram para melhorar todo o ecossistema do segmento e, hoje, formam o corpo e toda a expertise para escrever este livro que você segura em suas mãos.

Agradeço também aos autores deste livro – Fábio, Lucas, Pedro e Vitor – que acreditaram comigo em vários projetos e se propuseram a trazer todo o seu conhecimento para esta publicação.

Espero que este conteúdo seja uma incrível jornada de transformação do seu escritório e da sua vida.

Boa leitura!

THIAGO SODRÉ

SUMÁRIO

14

INTRODUÇÃO
**EMPREENDA E SEJA UM PROFISSIONAL
DE ARQDECOR DE SUCESSO**

19

CAPÍTULO 1
**NÃO MISTURE O PESSOAL
COM O PROFISSIONAL**

29

CAPÍTULO 2
**VOCÊ FOI TREINADO
PARA SER CRIATIVO**

43

CAPÍTULO 3
**A TRANSFORMAÇÃO DO PROFISSIONAL
DE ARQDECOR QUE EMPREENDE**

53

CAPÍTULO 4
**PASSO 1 – PROTOTIPAÇÃO: O QUE O
PROFISSIONAL DE ARQDECOR VENDE**

73

CAPÍTULO 5
**PASSO 2 – PRECIFICAÇÃO: A QUANTO
É POSSÍVEL VENDER UM PROJETO**

89

CAPÍTULO 6
**PASSO 3 – PERSONAS:
QUEM COMPRA O SEU PROJETO**

105

CAPÍTULO 7
PASSO 4 – PROCESSOS: QUEM AJUDA A EXECUTAR SEUS PROJETOS

123

CAPÍTULO 8
PASSO 5 – PLATAFORMAS: FERRAMENTAS PARA OTIMIZAR PROCESSOS

135

CAPÍTULO 9
PASSO 6 – PLANEJAMENTO FINANCEIRO E ESTRATÉGICO

153

CAPÍTULO 10
PASSO 7 – PROMOÇÃO: O MARKETING PARA SUA EMPRESA CRESCER

175

CAPÍTULO 11
CRESCIMENTO SUSTENTÁVEL E COM RESULTADOS: SUA META

185

CAPÍTULO 12
VOCÊ É UM PROFISSIONAL DE ARQDECOR EMPREENDEDOR

INTRODUÇÃO: EMPREENDA E SEJA UM PROFISSIONAL DE ARQDECOR DE SUCESSO

Todo mundo que escolhe uma profissão tem o mesmo objetivo: ser reconhecido na carreira que escolheu, crescer profissionalmente e (claro!) ganhar dinheiro. Os profissionais de arquitetura e design de interiores não fogem dessa regra.

O setor de construção civil é um dos que mais cresce no país. Mesmo em épocas de crises, como a da pandemia de covid-19, manteve-se com números elevados, ajudando, inclusive, a minimizar os impactos financeiros do caos global. Em uma pesquisa rápida na internet, é possível encontrar notícias como "Mercado da construção civil puxa crescimento econômico na pandemia",[1] "Construção civil refaz estimativas e volta a prever crescimento de 4% em 2021",[2] "Construção civil segue registrando resultados positivos no mercado de trabalho".[3] E mais: uma pesquisa realizada pelo Conselho de Arquitetura e Urbanismo do Brasil (CAU/Brasil) em parceria com o Datafolha mostrou que 85% dos brasileiros que já reformaram ou construíram não tiveram o acompanhamento de um profissional de arquitetura ou de um designer de interiores.[4] Ou seja, o mercado ainda tem um potencial gigantesco de crescimento.

Mesmo com todo esse cenário positivo, existe uma parcela de profissionais de arquitetura e designer de interiores angustiados porque não conseguem ganhar dinheiro com o trabalho que realizam. Não lhes faltam clientes, mas, sim, o retorno financeiro adequado. Por que isso acontece? A resposta é simples: esses profissionais não se reconhecem como empresas.

Isso mesmo. E o problema começa já no início da carreira, durante a graduação. Geralmente, o estudante entra no mercado

---

1 MERCADO da construção civil puxa o crescimento econômico na pandemia. **Terra**, 6 jul. 2021. Disponível em: https://www.terra.com.br/noticias/mercado-da-construcao-civil-puxa-o-crescimento-economico-na-pandemia,7659008e25489537c7e03ca2bbbd17f1fpv54f6r.html. Acesso em: 16 set. 2021.

2 BATISTA, Vera. Construção civil refaz estimativas e volta a prever crescimento de 4% em 2021. **Correio Braziliense**, 26 jul. 2021. Disponível em: https://www.correiobraziliense.com.br/economia/2021/07/4939805-construcao-civil-refaz-estimativas-e-volta-a-prever-crescimento-de-4--em-2021.html. Acesso em: 16 set. 2021.

3 CONSTRUÇÃO civil segue registrando resultados positivos no mercado de trabalho. **CBIC**, 26 ago. 2021. Disponível em: https://cbic.org.br/construcao-civil-segue-registrando-resultados-positivos-no-mercado-de-trabalho/. Acesso em 16 set. 2021.

4 COMO o brasileiro constrói. **Pesquisa CAU/BR DATAFOLHA**, 2015. Disponível em: https://www.caubr.gov.br/pesquisa2015/como-o-brasileiro-constroi/. Acesso em: 28 set. 2021.

por meio de um estágio em um escritório e depois passa a fazer alguns projetos por fora, por indicação de parentes e amigos, até que resolve abrir o próprio escritório. Porém, o que ele faz são as mesmas coisas da época de estagiário, ou seja, somente cria projetos. Esse profissional começa a se organizar um pouco, contrata estagiários, consegue atender cerca de quatro clientes por vez, mas continua na lógica de fazer esses projetos e esperar terminá-los para ir atrás de outros quatro novos projetos. E vai repetindo esse ciclo até o fim de sua carreira.

Só que, em vez de crescer, ele cai em um limbo e não sabe como sair dele. Isso quando ele se enxerga nesse limbo. Apesar de ter um escritório, inclusive com seu nome na porta de entrada, esse profissional não criou uma empresa, mas apenas um emprego para si mesmo. E não há profissional que cresça dessa maneira. Então como solucionar essa questão?

Se você está lendo este livro, creio que seja um arquiteto, decorador, designer de interiores ou, até mesmo, alguém que tenha muito interesse pela área. Então agora é o momento de pensar na maneira como você gerencia sua carreira. Não estamos falando dos projetos que você executa, mas da gestão de sua empresa. Pare uns minutos e observe seu negócio com um olhar externo, como se fosse um jogo de tabuleiro. Pense se suas contas bancárias de pessoa jurídica e física são separadas. Avalie se você precifica seus projetos adequadamente (ou se só usa uma média do mercado), se tem uma equipe tão boa a ponto de substituí-lo na sua falta, se consegue escalar seu negócio mês a mês, se consegue buscar novos clientes. Provavelmente você respondeu não a pelo menos uma dessas suposições.

Antes de entrar no assunto principal desta obra (sim, queremos ensiná-lo a empreender), vamos nos apresentar. Somos cinco empreendedores apaixonados por gestão e educação que se uniram para entregar o livro mais completo para o setor: Thiago Sodré (CEO do Club&Casa Design), Lucas Almeida (CFO do Club&Casa Design), Vitor Martinelli (cofundador do Archclub), Pedro Greghi (fundador da plataforma Projeto Jovem Arquiteto) e Fabio Ordones (fundador do Núcleo Metropolitano de Arquitetura). Somos arquitetos e engenheiros, mas também especialistas em gestão, publicidade e marketing, e a nossa missão é profissionalizar o setor, ajudando o arquiteto e os demais profissionais envolvidos nessa cadeia a crescerem, aprendendo a gerir sua empresa. Pode ter certeza de que conhecemos bem o segmento. Há quase uma década realizamos consultorias, mentorias, eventos, cursos em parceria com o Serviço Brasileiro de Apoio às Micro e Pequenas Empresas (Sebrae) e também cursos on-line. Só em 2020, 5 mil profissionais participaram das nossas aulas.

Nossa experiência nos fez enxergar o tanto de profissionais de arquitetura e de designers de interiores que são supertalentosos, mas não sabem empreender. Simplesmente não sabem negociar o próprio serviço e não se consideram uma empresa que pode oferecer produtos diferenciados, ser capaz de escalar o trabalho, relacionar-se com fornecedores e prospectar clientes – coisas inerentes a qualquer negócio de sucesso.

Vários motivos explicam esse comportamento. A começar pela formação universitária, que deixa em segundo plano a parte de gestão na grade curricular (isso quando ela existe!), perpassando pela tradição de colocar o próprio nome no escritório, a escolha errada dos sócios, a falta de cuidado na escolha do cliente, a falta de conhecimento em precificar os projetos que executa e até mesmo a crença de que o bom profissional de arquitetura e designer de interiores não precisa entender de gestão. Poderíamos elencar outros tantos fatores, mas vamos deixar que você os descubra enquanto lê o livro.

O que queremos é mudar o modo de pensar do profissional de arquitetura e design de interiores e, por isso, decidimos juntar a nossa experiência para entregar a você o mapa da mina para que possa buscar seu tesouro. Vamos mostrar os **7 Ps do profissional de arqdecor empreendedor**, método que já levou milhares de nossos alunos a assumir uma mentalidade empreendedora, fazendo-os entender que não basta ser um ótimo profissional, mas, sim, ser um ótimo empresário. Esse é o caminho do sucesso que vamos ensinar nas próximas páginas. Desejamos que, ao terminar de ler este livro, você assuma esse novo pensamento e deixe de lado o hábito de somente criar um emprego para si mesmo.

Existe, sim, uma jornada a seguir e é isso que vamos mostrar. Garantimos que você não se arrependerá e que sua carreira não será mais a mesma depois que passar por essa experiência. Fique conosco e você entenderá exatamente do que estamos falando.

Boa leitura!

Para saber mais sobre o assunto, acesse:

https://livroarquitetoempreendedor.com.br/empreendedometro

capítulo 1

NÃO MISTURE O PESSOAL COM O PROFISSIONAL

A trajetória profissional de Patrícia,[5] designer de interiores de renome no mercado, é invejável. Com mais de quarenta anos de experiência, já participou de inúmeras revistas e livros do setor e chegou a atender até clientes no exterior. Mas o que ninguém vê é que, dentro de seu escritório, a organização financeira não reflete todo esse sucesso. Apesar de ter acumulado bens e, baseada nisso, acreditar que ganhou muito dinheiro ao longo da carreira, Patrícia, até hoje, não sabe quanto ganha por mês e tem a sensação de que poderia ter lucrado mais se tivesse administrado seu escritório como uma empresa.

Olhando assim até parece estranho. Afinal, seu escritório é uma empresa. O que acontecia é que Patrícia tinha um escritório aberto, mas não o controlava como uma empresa, somente como um lugar para criar mais e mais projetos – erro

---

[5] Todos os nomes referentes a *cases* que aparecem neste livro são fictícios, a fim de preservar a identidade de cada profissional. (N. E.)

comum entre os profissionais de arquitetura e decoração. Não existia fluxo de caixa, controle de investimentos, análise da precificação, prototipação ou planejamento estratégico. Nada disso fazia parte do dia a dia da designer de interiores.

O problema dela é bem parecido com o de grande parte dos profissionais do setor. Já é hábito na área de decoração atuar dessa maneira, e essa falha tem origem na faculdade, quando o futuro arquiteto ou designer de interiores inicia a trajetória profissional. Normalmente, ele começa estagiando em um escritório de um arquiteto xis e ali aprende a fazer projetos. Assim que termina a faculdade, começa a pegar alguns projetos de amigos e parentes por conta própria, vai se sentindo confiante e sai do escritório.

Aí esse profissional abre um escritório próprio e segue repetindo o *modus operandi* de seu antigo emprego, inclusive comportando-se como um empregado. Essa pessoa não tem o controle de sua empresa nas mãos.

A maioria dos profissionais, ao começar a trabalhar por conta própria, não se preocupa com a administração do negócio. No lugar de serem empreendedores que criam projetos, só se preocupam em criar projetos e se esquecem da parte de gestão, cometendo, assim, alguns equívocos.

O primeiro deles é abrir um escritório com o próprio nome. Existem, sim, grandes escritórios com o nome do próprio profissional de arquitetura ou designer de interiores, mas esse setor mudou muito nos últimos anos e hoje é possível ir além e criar não só um escritório como também uma marca (vamos falar mais sobre isso nos próximos capítulos). Quando seu nome está na porta da frente, é criada uma relação mais intimista com o cliente, que tem a expectativa de ser atendido especificamente por aquele profissional. E isso atrapalha o escalonamento da empresa porque você sempre precisará estar à frente do atendimento. Você será o teto de todas as pessoas. Por outro lado, se o escritório tem uma marca, o cliente sabe que será atendido por um arquiteto da equipe, mas com a qualidade de serviço e estilo do arquiteto principal. De acordo com Marcos Nascimento, especialista em marketing e vendas aplicado a arquitetura e interiores, empreender é se desvincular de sua marca pessoal, mesmo a tendo dentro do escritório. Você mantém seu propósito na empresa, mas se desvincula dela.[6]

Resumindo: não é errado colocar seu nome no escritório, mas, a quem deseja crescer, sugerimos pensar à frente e criar um nome para essa nova empresa que nasce.

Outro equívoco – e talvez o maior de todos – é misturar a conta bancária de pessoa física com a de jurídica. Ou pior: nem ter uma conta bancária jurídica. Tudo que entra vai para a conta pessoal. Provavelmente, você que está lendo este livro já fez isso ou talvez ainda faça, afinal misturar as contas é um hábito de 63% dos arquitetos e designers de interiores, segundo um levantamento que realizamos entre 3 mil profissionais que já frequentaram nossos cursos. Cenário parecido foi constatado por uma pesquisa realizada pelo Conselho de Arquitetura e Urbanismo de Minas Gerais (CAU/MG) e pelo Serviço Brasileiro de Apoio às Micro e Pequenas Empresas de Minas Gerais (Sebrae/MG). Por lá, 68% dos consultados disseram que não separam as contas pessoais das do escritório.[7]

---

6 ARQUITETO EMPREENDEDOR. Entrevistadores: Lucas Almeida; Vitor Martinelli. Entrevistado: Marcos Nascimento. [*S. l.*]: Clube e casa, 7 set. 2021. *Podcast*. Disponível em: https://open.spotify.com/episode/2OlfZcv0UYyYNnUaFSVOgw. Acesso em: 3 fev. 2022.

7 PESQUISA evidencia necessidade de capacitação em empreendedorismo. **CAU/MG**, 8 jul. 2021. Disponível em: https://www.caumg.gov.br/pesquisa-empreendedorismo-arquitetura/. Acesso em: 5 out. 2021.

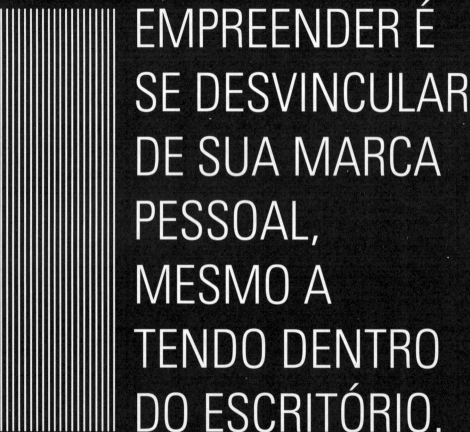

EMPREENDER É SE DESVINCULAR DE SUA MARCA PESSOAL, MESMO A TENDO DENTRO DO ESCRITÓRIO.

Imagine só a confusão: da mesma conta que sai a mensalidade da escola do filho, sai o almoço com o cliente; da mesma conta que sai o presente de aniversário do parceiro ou da parceira, sai também o pagamento do fornecedor do projeto 3D. Isso se torna uma grande bola de neve no negócio, pois o profissional não entende quanto ganha, quanto gasta na vida pessoal e, muito menos, o custo para a empresa funcionar ou quanto pode investir no negócio. Consequentemente, não consegue precificar seus projetos e produtos, deixando de criar metas, pois nem sempre é possível mensurar quantos clientes precisa ter para que o negócio dê certo. E mais: acaba assumindo todos os clientes que aparecem e, com isso, abre demais o leque de personas, dificultando a conversão e deixando de ter clareza se o escritório está dando certo ou não.

No começo, isso parece uma grande bobeira, já que muitos profissionais de arquitetura e designers de interiores iniciam a carreira trabalhando em *home office*. Então custos como aluguel, água, luz, telefone e internet ficam escondidos e não são contabilizados. Assim, o profissional acredita que tudo que recebe é seu salário e não há motivo para separar o pessoal do jurídico. Não existe gestão. Como todo dinheiro que entra fica subentendido que é salário, o profissional acredita que tem lucro. Porém, ele não vê o resultado. A empresa não cresce, está sempre operando no limite.

Imagine a seguinte situação: o arquiteto faz dois projetos, ganha 10 mil reais e, como não tem funcionários e trabalha em casa, acredita que tem todo esse dinheiro em caixa. Aí paga as contas pessoais e parece que está tudo bem. Seu pró-labore vai aumentando de acordo com seu estilo de vida e não com seu faturamento. Mas ele também precisa se preparar profissionalmente, então passa a frequentar eventos, fazer cursos, contrata um ou dois funcionários. Isso tudo tem custos, mas a gestão continua sendo feita do mesmo jeito. Ele não calcula que precisa pagar essas pessoas, começa a atrasar o pagamento e vai misturando tudo.

Veja bem, uma empresa é um organismo vivo. Não há como dois corpos usarem a mesma quantidade de oxigênio: um deles ficará sem fôlego para sobreviver. Da mesma maneira, quando você unifica as contas jurídica e física, não haverá caixa para suprir as duas sem um equilíbrio financeiro.

A situação tende a piorar quando o escritório tem um sócio, pois é preciso prestar contas de todas as entradas. Se tudo está em uma conta física, como fazer essa divisão? Pode acreditar: muitas sociedades acabam por esse motivo.

O terceiro equívoco que profissionais de arquitetura e design de interiores cometem é não se preparar para o futuro. Eles trabalham para o dia de hoje, para os projetos que pegam neste mês. Não fazem um planejamento estratégico para os próximos três ou cinco anos, algo necessário em qualquer empresa que deseja crescer. No levantamento que fizemos, 91% dos profissionais não possuíam um plano de negócios. Sem planejamento, é impossível crescer. Você só trabalha para pagar as contas do mês. Quem sonha em viver dessa maneira?

SENSAÇÃO DE FRACASSO

A sensação de quem está vivendo essa situação é de fracasso e angústia. O profissional trabalha muito, vira noites fazendo projetos, mas continua com o fluxo de caixa deficiente. Por mais que se esforce, parece que sempre está longe do mínimo que precisa ser feito e não sabe como sair disso.

Há alguns anos, conhecemos Tatiana, uma arquiteta apaixonada por projetar e entregar sonhos para os clientes. Era assim que ela se definia: uma entregadora de sonhos. O problema era que seus próprios sonhos não eram realizados; ela, simplesmente, não conseguia ganhar dinheiro com sua profissão. Com dez anos de carreira, Tatiana tem pouquíssimos clientes e, com os poucos que fecha contrato, não consegue cumprir os prazos de entrega. Trabalha, mas não tem produtividade nem vê resultado. Mas Tatiana já teve um escritório mais movimentado e até com funcionários. Ela está perdida. Sabe que precisa fazer algo, mas não sabe como dar o primeiro passo.

Não é para menos. Como falamos na introdução, o desejo de todo profissional é ser bem-sucedido na profissão que escolheu. Porém, Tatiana não consegue sair desse círculo vicioso em que entrou. Sempre chega o momento em que a situação sai de controle e colocar ordem parece algo de outro mundo. Então fica mais fácil seguir do jeito que está do que voltar lá atrás e começar de novo. É como se a administração do escritório se tornasse aquele quartinho bagunçado da casa. Durante anos, toda a bagunça foi se acumulando lá, sem que ninguém mexesse. Era só fechar a porta e o problema deixaria de ser visto, embora não deixasse de existir.

É assim que muitos arquitetos ainda vivem. Enxergam que existe um problema, como a Tatiana, mas já não sabem mais como resolvê-lo. E no final só sobra a angústia de não conseguir ganhar dinheiro.

Você deve estar pensando: *Mas a Patrícia disse que ganhou dinheiro durante a carreira, que adquiriu bens.* Sim, mas repare que ela também vive angustiada. Nesse caso, sua angústia vem com a sensação de que não trilhou seu caminho da melhor maneira possível e que poderia ter lucrado mais.

Propomos que você olhe para sua empresa como se estivesse contemplando um tabuleiro de xadrez. Quem joga xadrez – ou qualquer outro jogo de tabuleiro – sabe que, se olhar para as peças na horizontal, ou seja, na mesma altura da mesa, não conseguirá movimentá-las adequadamente porque a visão do jogo é limitada. O que você precisa é olhar o tabuleiro de cima, de onde pode observar a posição de cada peça, de onde pode mover e ver aonde vai chegar até vencer a partida. Faça o mesmo com seu escritório. Pare de olhá-lo na horizontal e passe a olhá-lo de cima, com uma grande visão panorâmica. Você verá que a movimentação correta de cada setor de sua empresa trará resultados extraordinários.

No entanto, por que você não consegue movimentar essas peças corretamente? Por que é tão difícil fazer a gestão de seu escritório? Siga conosco que você vai entender a razão disso tudo no próximo capítulo.

Para saber mais sobre o assunto, acesse:

https://livroarquitetoempreendedor.com.br/conta-separada

capítulo 2

VOCÊ FOI TREINADO PARA SER CRIATIVO

Mais de 3 milhões de empresas são abertas todos os anos no Brasil e a tendência é que esse número cresça ainda mais se levarmos em consideração o número referente a 2021. Só até o mês de setembro, o Ministério da Economia registrava 3.144.105 empresas abertas no ano.[8] Considerando que 300 mil novas empresas surgem por mês, esse número deve estar bem perto de 4 milhões. Diante desse cenário, não dá para negar que o Brasil é um país com espírito empreendedor. Os brasileiros sonham em ter a própria empresa e alguns até veem nisso sua única chance de crescimento. Infelizmente, porém, poucos sabem empreender. Porque empreender pode até nascer de um sonho, mas a realidade passa longe dessa ilusão.

---

8 PAINEL mapa de empresas. **Ministério da Economia**, 17 abr. 2020. Disponível em: https://www.gov.br/governodigital/pt-br/mapa-de-empresas/painel-mapa-de-empresas. Acesso em: 26 out. 2021.

Empreender é administrar, gerir uma empresa, conhecer a parte financeira e outras funções que muitas vezes afastam o profissional de seu papel principal. É quando o dentista precisa se afastar do consultório para dedicar um dia ou mais para cuidar da gestão da empresa. É quando o chef deixa a cozinha e vai cuidar dos números do negócio. É quando o profissional de arquitetura ou o designer de interiores precisa deixar as planilhas e os projetos de lado e olhar para a administração de seus escritórios. Sim, isso pode ser bem frustrante para alguns profissionais, mas é necessário. Quem decide abrir uma empresa precisa entender que empreender é ousar, é transformar o presente, projetá-lo no futuro e sair do lugar comum. É ter uma dor constante que precisa de tratamento o mais rápido possível, e tudo isso será mais bem administrado se você conseguir tratá-la antes que a próxima dor apareça.[9]

Muitos profissionais não estão preparados para abrir uma empresa, inclusive arquitetos e designers de interiores, que acabam deixando a parte de gestão em segundo lugar, originando grande número de profissionais frustrados com a carreira que escolheram.

Esse problema, porém, não começa quando o profissional abre um escritório e direciona sua atenção apenas aos projetos que pega todos os meses. Muitas vezes, ele começa ainda na época da faculdade, pois muitas vezes as universidades não oferecem matérias voltadas para a gestão e, para nós, empreendedorismo é algo que se aprende. Há pessoas que nascem com tato para negócio, mas isso não é garantia de que sejam bons empreendedores.

---

9 COLOMBO, Filipe. **Gestão profissional na prática**. São Paulo: Gente, 2021.

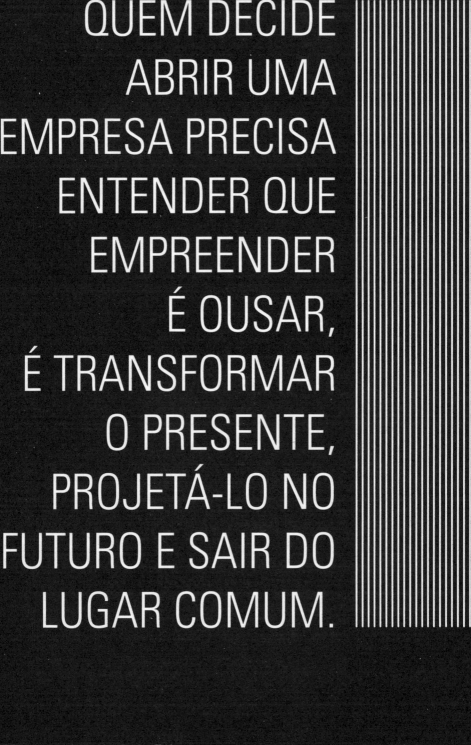

Os cursos superiores de Arquitetura e Urbanismo e Design de Interiores preocupam-se em treinar as pessoas para serem criativas e criarem projetos maravilhosos, inovadores em diferentes segmentos e que atendam às expectativas dos clientes nos mínimos detalhes. Então os estudantes de arquitetura aprendem sobre projetos, construções, topografia, edifícios, estruturas, iluminação, entre tantas outras disciplinas; e os de design de interiores saem da faculdade sabendo sobre projeto criativo, desenho, linguagem visual, materiais de revestimentos e acabamento, paisagismo, iluminação, ergonomia, design mobiliário, análise de cores, perspectiva, entre outras – todas importantes para o futuro profissional –, mas a parte de gestão ou empreendedorismo fica em segundo plano. Isso quando ela existe.

Não é difícil chegar a essa conclusão. Em uma análise rápida da estrutura curricular dos dez principais cursos de Arquitetura e Urbanismo do país,[10] observamos que apenas um tem a disciplina empreendedorismo ou administração na grade obrigatória. Quatro oferecem apenas como disciplina optativa e cinco não oferecem nem como obrigatória, nem como optativa. Já entre os dez cursos de Design de Interiores mais bem avaliados pelo Exame Nacional de Desempenho dos Estudantes (Enade), do Ministério da Educação,[11] apenas quatro incluem empreendedorismo na grade curricular.

Embora haja uma tendência de que, aos poucos, as faculdades se atentem a essa necessidade e passem a oferecer

---

10 Ranking Universitário Folha 2019. **Folha de S.Paulo**, 2019. Disponível em: https://ruf.folha.uol.com.br/2019/ranking-de-cursos/arquitetura-e-urbanismo/. Acesso em: 26 out. 2021.

11 E-MEC. **Cadastro Nacional de Cursos e Instituições de Ensino Superior**. Busca avançada de acordo com a nota mais alta no Enade. Disponível em: https://emec.mec.gov.br/. Acesso em: 17 jan. 2022.

essa disciplina, existe outro problema: a falta de professores com forte experiência administrativa para ministrar as aulas. O ideal seria que esses docentes tivessem trabalhado na gestão de alguma empresa – melhor ainda se for um escritório de arquitetura –, e não fossem acadêmicos ou arquitetos que já tiveram um escritório. O risco é continuar repetindo os mesmos erros: olhar o criativo e deixar o administrativo em segundo plano.

Quando você não aprende a ser gestor, tampouco aprende a importância de separar a conta jurídica da conta física, não consegue liderar seus funcionários e não conhece as ferramentas necessárias para seu negócio. Faltam, portanto, visão de negócio, habilidade com contas e prestação de serviços adequada para que o negócio seja bem-sucedido. Isso tudo leva àquela sensação de angústia de não conseguir prosperar com a profissão.

Mas, na vida real, parece que todos os profissionais de arquitetura e design de interiores prosperam e somente você está vivendo essa situação. É o amigo da faculdade que posta os lindos projetos no perfil do Instagram, que responde a inúmeras dúvidas que os seguidores mandam para ele, que mostra o prêmio que ganhou. Saiba, porém, que isso não é régua para medir sucesso profissional. Lembra-se da Patrícia, a arquiteta que já apareceu em inúmeras revistas do setor e que até atendeu clientes no exterior e mesmo assim estava descontente? Pois é. O fato de fazer os mais lindos projetos não é sinônimo de ser um grande empreendedor.

SOLUÇÃO DEPOIS DA DOR

A gestão financeira é outra dor de cabeça para os arquitetos resultante dessa falta de proximidade com a gestão.

No levantamento que fizemos com os arquitetos e designers de interiores que frequentaram nossos cursos, 58% confessaram que não conseguiam manter o fluxo de caixa da empresa saudável e 92% disseram que não possuem um plano de negócios para identificar como serão os próximos três anos de seu escritório. Então como você pensa em crescer? Essa é a pergunta para a qual eles não têm resposta. Como não conseguem lidar com os números do negócio – embora lidem maravilhosamente bem com todos os números e cálculos das planilhas de cada projeto que executam –, se veem perdidos. Eles vendem planejamento para o cliente, mas não são capazes de planejar a própria vida.

Por não saberem a fundo qual é o produto que vendem, não conseguem fazer um controle de fluxo financeiro, que é a melhor maneira para tangibilizar seu trabalho. Abrem uma planilha para começar a criar esse plano e logo se deparam com o maior obstáculo: não sabem quanto investiram na empresa, não conhecem seus custos variáveis, custos fixos, custos operacionais. Se não têm o produto, como saber os custos? Então fecham a planilha e voltam a trabalhar como vinham fazendo. Ou seja, da maneira errada.

Nem mesmo a formalização do negócio é realizada. É quase inacreditável, mas 90% dos arquitetos não possuem um CNPJ aberto de sua empresa, exercendo suas atividades como pessoas físicas, e 82% nem conhecem as leis e os impostos que impactam seu negócio.[12]

---

12 PESQUISA evidencia necessidade de capacitação em empreendedorismo. **CAU/MG**, 8 jul. 2021. Disponível em: https://www.caumg.gov.br/pesquisa-empreendedorismo-arquitetura/. Acesso em: 26 out. 2021.

Apesar de todos esses problemas que atrapalham a operação, eles continuam a acreditar que, por terem estagiado na área e realizado projetos específicos por fora, possuem experiência suficiente para abrir um escritório. A história da arquiteta Elisabete retrata bem essa situação.

Quando me formei, comecei a carreira estagiando em um escritório grande para aprender, mas também realizei alguns projetos por fora para atender meus próprios clientes, que eram, na maioria das vezes, indicação de amigos e familiares. Comecei a ganhar melhor com o tempo, fazendo um ou dois projetos no mês, e isso fez com que o salário do escritório ficasse menor do que os projetos fechados por fora. Então pedi demissão e abri meu próprio negócio de arquitetura. Nesse primeiro momento, a maioria dos clientes era do tipo residencial, que acaba não solicitando nota fiscal, portanto não senti necessidade de abrir uma empresa e fui tocando o escritório.

Para me posicionar no mercado e fechar novos clientes, utilizava modelos de precificação baseados em comparação com o mercado e não mensurava o que estava fazendo, apenas seguia o fluxo. Eu achava que bastava ter clientes e o lucro seria consequência disso. Nem passava pela minha cabeça que eu teria que lidar com administração. Mas, depois de alguns anos de atuação, vi que, se continuasse a trabalhar fazendo de conta que cada projeto é apenas uma renda extra, eu não cresceria.

Ela conseguia trabalhar dessa maneira? Sim. Ela conseguia fazer seu escritório decolar? Não. Como o mercado tem como premissa que a arquitetura é exclusividade, mesmo com essa desorganização, ela conseguia clientes com bons *tickets*. Mas isso traz a falsa impressão de que tudo está bem, embora, lá no fundo, a história seja bem diferente. Sem saber de produtividade e precificação, Elisabete e tantos outros profissionais de arquitetura e design de interiores têm dificuldade de modelar um produto para venda, pois não sabem se vendem horas, produtividade ou metro quadrado.

Por não saberem preço ou planejamento, tampouco conseguem repassar para uma agência de marketing quais são suas metas. Assim, o trabalho de divulgação acaba sendo feito de maneira errada e atrai clientes com perfis diferentes, apresentando baixa compatibilidade com o tipo de projeto que fazem, e assim começam a surgir problemas no alinhamento das demandas. Ufa!

Precisamos ser sinceros. O exemplo de Elisabete, que achava que o simples fato de ter estagiado já a preparava para a jornada exaustiva que é empreender no universo da arquitetura e do design de interiores, é pura ilusão. Mas a dor é latente e não é percebida durante muito tempo. E não dá para culpar o profissional, pois essa é a maneira de trabalhar que ele aprendeu. Quando essa dor surge, de verdade, o profissional tem dois caminhos: fazer de conta que ela não existe ou procurar ajuda para resolvê-la. Porém, solucionar uma dor quando ela existe é bem mais difícil do que prevenir o problema.

PROPÓSITO DA EMPRESA

O que Elisabete fez foi ligar a chave no automático e seguir trabalhando como se um projeto fosse igual ao outro, deixando a rotina tomar conta de seu dia a dia. Até ela perceber que algo não ia bem, levou muitos anos.

Trabalhar no automático, sem brilho nos olhos, é um dos sintomas de que algo não vai bem em sua empresa. Eduardo Vanzak, no livro *Crie marcas com alma*,[13] fala que quem tem uma empresa e não sente paixão pelo que está fazendo empreende de maneira errada. Para ele, o profissional precisa se enxergar no mercado que escolheu, precisa ter ânimo para acordar todos os dias e passar horas se dedicando àquele projeto com o qual sonhou tantas vezes. Claro que isso não o afastará dos erros. E está tudo bem, pois errar faz parte da vida do empreendedor. O importante é ter ânimo para seguir em frente.

Porém, como tenta e não consegue viver de arquitetura ou de design de interiores, o profissional só enxerga os erros, ele se esquece de tudo o que acreditava e mergulha no cotidiano angustiante. No entanto, como aguentar essa gangorra do empreendedorismo e continuar com o mesmo ânimo de quando você entrou na faculdade e escolheu a arquitetura e a decoração como profissão? Com propósito. Sua empresa não tem que ser só mais um negócio no mercado ou só mais um escritório de arquitetura e decoração entre tantos que existem no país. Ele tem que ser *o escritório*. E o que o diferencia é o propósito.

Toda empresa precisa de um propósito, que são aqueles valores em que você acredita e que implementa para criar a cultura de seu escritório. Seu propósito, por exemplo, pode estar ligado à inovação, colaboração ou promoção do bem-estar das pessoas a partir da arquitetura e do design. Enfim, há inúmeros motivos e isso é algo muito pessoal. Como gestor do escritório de arquitetura ou design de

---

13 VANZAK, Eduardo. **Crie marcas com alma**. São Paulo: Gente, 2021.

interiores, você precisa encontrar o propósito que mais tem a ver com você. Aquela força que o faz sair da cama todos os dias e sentar para trabalhar, entende?

Ter um propósito não é apenas entender o que sua empresa oferece, mas como você pode fazer a diferença para quem está ao redor. Portanto, é saber aonde quer chegar e dispor da energia necessária para enfrentar essa trajetória.[14]

É a partir daí que as pessoas que fazem parte de seu universo – clientes, funcionários, colaboradores, fornecedores – se identificarão com seu trabalho e acreditarão no que você apresenta. O cliente não se importará em ser atendido por alguém de sua equipe porque enxergará em todos os mesmos valores. O colaborador terceirizado enxergará a responsabilidade em seu trabalho e se empenhará para fazer o melhor. As pessoas não vão apenas trabalhar ou comprar algo de você, mas tudo o que seu negócio apresenta em relação a conceito, responsabilidade social, posicionamento, inspiração – não importa se você tem um grande escritório, com vinte funcionários, ou um pequeno, montado dentro de sua casa com apenas um estagiário.

Então, agora, vamos lhe propor um desafio. Pegue um papel e escreva seu propósito. Se você nunca pensou nisso, comece perguntando-se o que desperta sua paixão na arquitetura ou no design de interiores. Como você pode colaborar para que as pessoas vivam melhor? Como seu negócio pode fazer a diferença na sociedade em que está inserido? Por que você vende o que está vendendo?

---

14 ENDEAVOR BRASIL. **A propósito: você sabe aonde quer chegar?** Disponível em: https://endeavor.org.br/desenvolvimento-pessoal/proposito/. Acesso em: 27 out. 2021.

O IMPORTANTE
É TER ÂNIMO
PARA SEGUIR
EM FRENTE.

Ao responder a essas perguntas, você terá informações suficientes para criar seu manifesto, o propósito de seu escritório que reverberará para todos que o acompanham nessa jornada. Quando você tem esse propósito claro, o caminho fica mais fluido. Ele continua difícil, mas você tem a energia de que precisa para buscar os meios necessários para seguir em frente.

O que nós queremos é que você esteja preparado desde o começo de sua formação para encontrar esse propósito e fazer sua carreira prosperar. Ou, se já tem um escritório e está passando por dificuldades, queremos que pare e volte alguns passos para organizar a casa. É preciso virar a chave e pensar além. Será, sim, um caminho trabalhoso e desafiador, mas o resultado final será recompensador. Siga firme em seu propósito e esteja aberto às transformações que ocorrerão em sua vida! Quer saber como? Então leia o próximo capítulo!

Para saber mais sobre o assunto, acesse:

https://livroarquitetoempreendedor.com.br/ser-criativo

capítulo 3

A TRANSFOR-MAÇÃO DO PROFISSIONAL DE ARQDECOR QUE EMPREENDE

Nos cursos que ministramos, nas consultorias e nas palestras que oferecemos, já ouvimos muitas vezes a seguinte afirmação: "Administração não é o meu forte". Se você também pensa assim, está na hora de mudar essa mentalidade. O que propomos neste livro é um novo pensamento: seja também um empreendedor. Você não precisa deixar de ser criativo, mas precisa se enxergar também como um empreendedor. A administração deve balizar o jogo para que o escritório ande para a frente.

Colocar a administração no jogo não é só saber os números de seu negócio mas também ter um caminho em busca da profissionalização, do prestígio e da visibilidade para seu negócio. Você verá que, ao entender todos os processos, otimizará seu tempo e terá um resultado positivo e não somente um sentimento de resultado. Qual é a diferença? O sentimento de resultado é conseguir um cliente e entregar um bom projeto. Dever cumprido. E só. O resultado positivo é ganhar dinheiro, conseguir fazer caixa entregando esse bom projeto. Como já falamos no capítulo anterior, o arquiteto ou o designer de interiores não sabe se está cobrando o valor correto pelo projeto. Ele só repete um hábito do mercado, que é cobrar por metro quadrado. Você vai entender que isso pode não ser tão sustentável como parece ser.

O método apresentará um passo a passo do que é necessário fazer para sair do ponto A – em que se encontra hoje – e ir para o ponto B – que é ter uma empresa planejada e bem administrada. Você deixará de agir apenas por intuição e não precisará mais contar com a sorte para garantir o faturamento de cada mês.

Outra vantagem é que, quando você tem a empresa na mão, consegue mais tempo para sua vida pessoal, não precisando mais virar noites debruçado em projetos inacabados ou sacrificar seus fins de semana para trabalhar.

O setor de arquitetura e decoração é estruturalmente feito para não ter gestão. O que nós vamos fazer é quebrar essa objeção. E você ainda sairá na frente daqueles 92% dos profissionais que não têm um plano de negócios e, portanto, não têm a mínima ideia de como fazer o planejamento da empresa.

OS 7 PS DO PROFISSIONAL DE ARQDECOR EMPREENDEDOR

O método que vamos apresentar tem sete passos a serem seguidos, por isso o chamamos de 7 Ps do profissional de arqdecor empreendedor. Ele é composto de:

- **p**rototipação – o que o profissional vende;
- **p**recificação – por quanto é possível vender um projeto;
- **p**ersona – quem compra o projeto;
- **p**rocessos – quem ajuda a executar seus projetos;
- **p**lataformas – ferramentas para otimizar os processos;
- **p**lanejamento financeiro e estratégico – metas financeiras do negócio;
- **p**romoção – o marketing para o negócio crescer.

As etapas são interligadas e devem ser executadas exatamente nessa ordem. Porém, a cada passo dado, você talvez precise voltar um ou dois passos para validar o que já fez. É uma metodologia de construir, medir e aprender. Está complicado? Verifique a imagem a seguir:

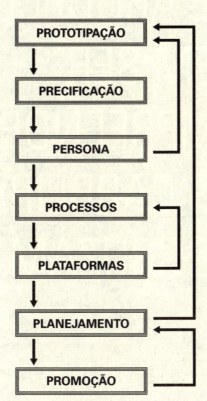

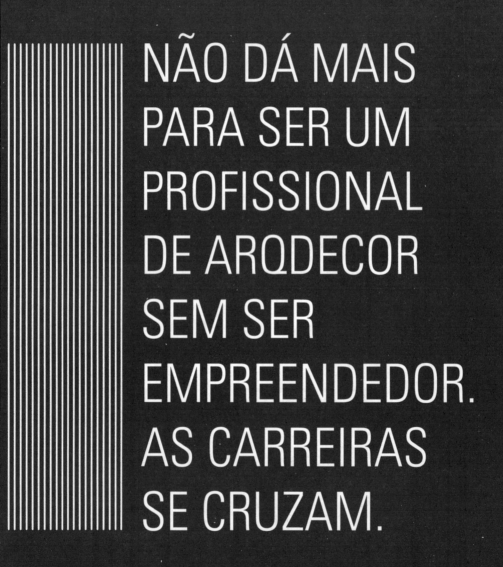

As setas da esquerda indicam o caminho a ser seguido. Já as setas da direita mostram os passos que precisam ser validados para se ter certeza de que tudo está sendo implementado de maneira correta e harmoniosa. Você verá que um passo depende do outro. Não tem como seguir em frente se um deles não for feito adequadamente.

Por exemplo, se depois de fazer a prototipação você vir que sua persona não se encaixa nesse requisito, então será preciso voltar aos passos anteriores e refazer seu produto para combinar com seu cliente. Talvez seu cliente seja do tipo que não quer ter dor de cabeça e que exija uma obra entregue nos mínimos detalhes, mas seu produto é muito básico. Ou o contrário. Sua persona procura por projetos básicos e você só trabalha com serviços completos que envolvem a entrega do projeto executivo com os mínimos detalhes da obra, algo em que o cliente que procura o básico não está interessado. Daí a necessidade de voltar os passos e redirecionar sua rota.

O mesmo pode acontecer quando chegar a plataformas e precisar fazer ajustes nos processos. Ou chegar ao planejamento estratégico e constatar que o caminho foi errado, necessitando voltar à prototipação. E assim por diante.

Talvez isso esteja meio confuso agora, mas fique tranquilo. Nos próximos capítulos vamos detalhar cada um dos passos e será mais fácil entender e, claro, implementar cada parte em sua empresa.

ORIGEM DA METODOLOGIA

Como já falamos, há quase uma década trabalhamos com profissionais de arquitetura e design de interiores e suas dores na hora de empreender. No começo, nossas consultorias eram focadas apenas na captação de clientes pelos escritórios. Com o tempo, passamos a desconstruir esse paradigma. Por que faltam clientes? O que esses clientes querem? Como ter os clientes ideais?

Entendemos que o problema dos escritórios não era só conquistar os clientes, mas, sim, lidar com a gestão financeira em todas as pontas. Isso incluía a captação de clientes, mas também outros fatores, como saber variar seu produto, precificar seus projetos de maneira correta, entre outras questões já citadas. Primeiro, desenvolvemos um curso para ensinar aos profissionais do setor de arquitetura e decoração a importância de ser um empreendedor e como encaixar essas ideias no escritório. Aos poucos, aperfeiçoamos esse conteúdo e daí surgiram os **7 Ps do profissional de arqdecor empreendedor**. Mas como materializar tudo o que ouvíamos em uma metodologia? Assim, nos baseamos em uma ferramenta bem conhecida na área de gestão chamada 5W2H, sigla que se refere a sete palavras em inglês:

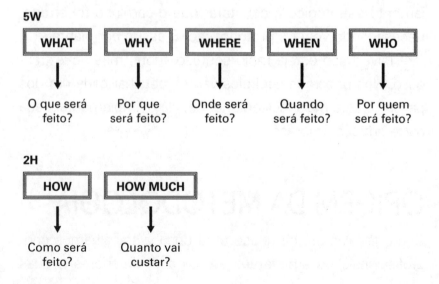

A metodologia surgiu no Japão, na década de 1950, com os especialistas Taiichi Ohno e Eiji Toyoda, que observaram o modo de produção da Ford, nos Estados Unidos, e detectaram que havia muito desperdício de matéria-prima, já que os veículos eram produzidos em massa. Assim, eles criaram a ferramenta 5W2H para ser aplicada na produção, focando a qualidade do processo e a eliminação do desperdício. O sucesso foi tanto que tornou a Toyota uma das montadoras mais eficientes e bem-sucedidas do mundo.[15]

Voltando às questões-chave, as respostas para cada uma das perguntas correspondem à caminhada que você realizará a partir de agora. Como pode ver, a metodologia não é um chute ou algo que achamos que os profissionais devem fazer; ela foi criada a partir de uma ferramenta que apresenta as respostas que os empreendedores mais procuram para seu negócio.

Ao final do processo, você verá o quanto pode ser transformador olhar para seu escritório não apenas como um realizador de projetos mas também como um empreendimento que gera lucro.

Tenha certeza de que, quando você conhece o terreno em que está pisando, consegue acelerar o passo e potencializar suas vendas. Ninguém quer andar rapidamente em uma área que não conhece. Ou será que você se joga em uma mata sem saber como sair dela? Agora imagine que a mata é sua empresa e que o método é a bússola que vai conduzi-lo para caminhar com segurança por entre as

---

15 FIA – FUNDAÇÃO INSTITUTO DE ADMINISTRAÇÃO. 5W2H: o que é, como funciona e por que você deveria usar? **FIA**, 11 fev. 2020. Disponível em: https://fia.com.br/blog/5w2h/. Acesso em: 2 fev. 2022.

árvores. O caminho ficará bem menos tortuoso e você ainda se sentirá mais seguro para andar rapidamente e explorar espaços maiores.

Além disso, terá conhecimento suficiente para conseguir adaptar cada passo às suas necessidades, encaixar novas ideias e excluir outras. O que apresentamos não é um método engessado. É administração de empresas e, uma vez que aprenda como fazê-la, você levará esse conhecimento para sempre.

Não dá mais para pensar em ser um profissional de arquitetura ou designer de interiores sem ser um empreendedor. São carreiras que se cruzam. Se você quer crescer, o caminho é também empreender. Ok, você não precisa ser um especialista no assunto, mas precisa saber o mínimo para delegar essa tarefa a alguém. O que não dá, de maneira alguma, é fazer de conta que isso não existe.

Nos capítulos adiante, você terá a faca e o queijo na mão – ou melhor, cada um dos 7 Ps à mão – e verá que administrar não precisa ser um bicho de sete cabeças. Nos encontramos no próximo capítulo.

capítulo 4

PASSO 1 – PROTOTIPAÇÃO: O QUE O PROFISSIONAL DE ARQDECOR VENDE

Nosso ponto de partida, o primeiro P do profissional de arqdecor empreendedor, é a prototipação. O termo refere-se ao tipo de produto que você oferece a seu cliente. Em outras palavras, é ter um produto de prateleira para a venda. Para isso, você precisa conhecer muito bem seu cliente e suas dores para saber quais são as soluções que você pode oferecer a ele.

Mas o que seria um produto de prateleira? Nada mais é do que um produto com variações que você pode criar para atender a uma parcela de clientes. Por sua vez, o cliente pode escolher o produto que deseja comprar. Mas a pergunta que fica é: como um profissional de arquitetura ou designer de interiores pode ter produtos de prateleira se o que ele oferece é projeto, ou seja, se trata de um produto único? Pois é justamente isso que queremos desmistificar.

É muito comum arquitetos e designers de interiores entregarem aos clientes projetos completos e minimamente detalhados, independentemente do perfil do cliente e sem nem mesmo questionar suas expectativas. Nesse caso, seu único produto é esse projeto completo. Mas responda-nos: será que precisa mesmo ser assim. Você deve realmente entregar tudo? E se você criasse produtos dentro do escritório que facilitassem sua produtividade e fossem mais direcionados ao perfil do seu cliente? Isso é a prototipação.

Quando você faz isso, torna-se um especialista em um segmento e consegue atender clientes que estão à procura da solução dessa dor específica. Lembra-se de quando falamos que um dos problemas dos profissionais de arquitetura e decoração é abrir demais seu leque de personas? Pois bem, quando você prototipa seu projeto, as chances de que esse problema aconteça são muito menores. O escritório sabe exatamente o que tem que entregar e o cliente entende perfeitamente o que está comprando. Você aumenta também a captação de clientes, já que atua em um segmento específico, sendo muito mais fácil de ser encontrado e também de o cliente se identificar com seu perfil.

Além disso, existe um leque muito grande de pessoas que não contratam um arquiteto ou um designer de interiores por acreditarem que é um serviço com *ticket* muito alto e inviável para elas. Mas essa situação só acontece porque os profissionais trabalham com um único produto – o projeto completo – e não oferecem outras opções. Quando você tem mais de um produto de entrada que seja mais acessível, consegue equilibrar as expectativas do cliente.

PROCESSO OPERACIONAL

Agora que você entendeu o que é prototipação e como ela pode ajudar sua operação, sabemos que está empolgado para aprender como colocar isso em prática. Mas antes vamos dar uma pausa para falar um pouco de processo operacional. Você vai precisar dessa informação para seguir adiante.

Processo operacional é tudo aquilo que você entrega para seu cliente, desde o primeiro contato dele com o escritório até a entrega do projeto, calculado em horas de trabalho. É dividido em três etapas: pré-venda, pré-projeto e operacional, além de todos os subitens que existem em cada um deles. Em pré-venda, por exemplo, está incluso o tempo gasto na reunião do briefing (e seu deslocamento até o cliente, caso o encontro seja presencial), na elaboração do orçamento e na reunião para apresentar o orçamento. Quando você soma tudo isso, tem como resultado a quantidade de horas de trabalho necessárias para a primeira parte do processo operacional.

Após o cliente aprovar o orçamento, vamos para a segunda etapa, que é o pré-projeto. Essa parte já é um pouco mais personalizada e pode variar de um escritório para outro, mas, de maneira geral, é composta de medição do ambiente, levantamento e layout, elaboração do desenho técnico para apresentação ao cliente, imagens 3D ou 5D e revisão do projeto com as correções ou complementos pedidos pelo cliente. Assim como aconteceu no orçamento, para cada um desses serviços, some as horas de trabalho necessárias para cada um dos itens, sem esquecer o tempo de deslocamento para essas reuniões.

A terceira etapa é a operacional, em que são elencados todos os pontos de execução do projeto. Nessa parte, constam itens como planta de demolição e construção, planta elétrica, planta hidráulica, planta luminotécnica, forro, móveis soltos, móveis planejados, revestimentos, pedras, paisagismo, automação, memorial descritivo, orçamentos, iluminação, reunião de anteprojeto para apresentação e reunião de apresentação dos orçamentos. Mesmo que você não faça todos esses processos é importante incluir todos os itens em sua conta de horas.

Montar um processo operacional, principalmente para quem nunca fez um, pode ser um pouco trabalhoso. O que sugerimos é que você comece fazendo a lista de todos os processos que oferece em cada uma das três etapas que citamos. Depois, mensure a quantidade de horas para executar cada um deles. Para isso, considere o tempo gasto por toda a equipe. Por exemplo, você pode elaborar a apresentação do orçamento em uma hora, mas seu estagiário precisa de duas horas. Então, em sua listinha, considere duas horas. É mais seguro trabalhar com horas a mais do que a menos. Posteriormente, caso a tarefa seja realizada em menos tempo, você ganha na margem de lucro, que será maior. Mas, caso considere uma quantidade de horas menor para determinada tarefa e o escritório precise de mais tempo para executá-la, é prejuízo na certa.

Se você nunca calculou quantas horas cada processo leva para ser feito, experimente fazer a contagem por dias, um dia, metade de um dia, um dia e meio. Aos poucos, vá aperfeiçoando essa informação até que tenha todos os elementos para transformá-la em horas.

O próximo passo é somar as três etapas (pré-venda, pré-projeto e operacional). Veja a seguir um processo operacional de um escritório fictício. Vamos imaginar que esse é o escritório João Chaves Arquitetura e Interiores.

ITEM		QUANTIDADE DE HORAS
1	Reunião de briefing	1
2	Apresentação da proposta	2
3	Medição	4
4	Levantamento e layout	4
5	3D (7 imagens)	30
6	Anteprojeto	40
6.1	Layout	
6.2	Construir e demolir	
6.3	Piso	
6.4	Elétrica	
6.5	Forro	
6.6	Tampo	
6.7	Paginações	
6.8	Memorial descritivo	
7	Orçamentos	15
8	Marcenaria	25
9	Visitas a lojas	9
9.1	Revestimento	
9.2	Marcenaria	
9.3	Iluminação	
10	Reunião de anteprojeto para apresentação	3
11	Reunião de apresentação dos orçamentos	3
12	Projeto executivo	16
13	Caderno do cliente	2
TOTAL DE HORAS		**154**

Portanto, para entregar o projeto completo, o João Chaves Arquitetura e Interiores precisa de 154 horas. Pode ser que outro escritório faça em 150 horas e que outro leve 180 horas. Isso tem a ver com a capacidade produtiva – número de pessoas trabalhando no projeto – ou o nível de detalhamento oferecido por cada um. Por esse motivo, cada escritório tem números diferentes. Não dá para se basear no que o vizinho faz.

Sugiro que faça seu processo operacional o quanto antes. Ter esse número em mãos será importante ao longo da leitura deste livro.

Outra parte do processo operacional é determinar a produtividade do escritório, ou seja, quantos projetos podem ser entregues por mês. Para chegar a esse valor, você precisa saber quantas horas o escritório trabalha por dia. O primeiro passo é separar as horas ativas e inativas de trabalho. O que isso significa? Horas ativas são todas aquelas dedicadas à execução do projeto, como a elaboração do orçamento ou o detalhamento da marcenaria. Para executar essas funções, você – ou alguém de sua equipe – precisa estar no escritório elaborando esse processo. São as horas que diretamente trazem dinheiro para a empresa. Já as horas inativas são aquelas que, apesar de o arquiteto estar executando uma atividade ligada ao escritório, não têm ligação nenhuma com projetos. Ou seja, é trabalho que não é diretamente revertido em dinheiro para o escritório. Pode ser uma reunião com um cliente em potencial (chamado de *lead*), conhecer um fabricante de móveis, visitar uma feira de construção ou um curso de atualização. Perceba que não há ninguém "pagando" diretamente por isso, mas são todas atividades essenciais para o negócio.

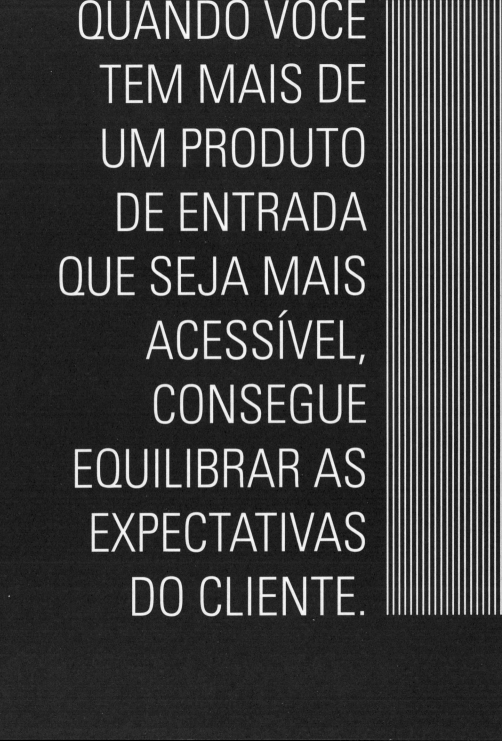

Você pode descobrir esse número anotando quantas horas gasta para cumprir todos os processos ativos e inativos durante determinado período de tempo e depois fazer uma média. Contudo, além de ser uma atividade trabalhosa, você demoraria muito para chegar ao valor. Então sugerimos uma conta simples: some o total de horas de trabalho no dia e subtraia 40% – essa é a quantidade média de horas inativas de um proprietário de escritório de arquitetura.

Voltando para o escritório do João Chaves, o proprietário trabalha oito horas por dia. Fazendo as contas (8 – 40%), ele tem, diariamente, 4,8 horas ativas. Vamos arredondar para 5. Caso o João tivesse um sócio, deveria levar em consideração o mesmo número de horas ativas.

Agora vamos passar para o restante da equipe que fica dentro do escritório e não tem horas inativas. Suponha que o escritório tenha um time com um arquiteto e dois estagiários. Então some todas as horas de trabalho diárias dessas pessoas.

EQUIPE	HORAS DE TRABALHO/DIA
Proprietário	5
Arquiteto 1	8
Estagiário 1	5
Estagiário 2	5
Administrativo	8
TOTAL	**31**

A equipe, portanto, trabalha 31 horas por dia.

O próximo passo é multiplicar essas horas por 22, referente aos dias úteis do mês. Então divida o total de horas trabalhadas/mês pela quantidade de horas por projeto – no escritório João Chaves, o projeto precisa de 154 horas para ser executado –, chegando à produtividade do negócio.

Ainda no escritório João Chaves:

31 (equipe/dia) × 22 = 682 (horas trabalhadas no mês)

682 / 154 = 4,43 (número de projetos que podem ser executados por mês)

Resumindo, o escritório João Chaves Arquitetura e Interiores tem a capacidade de entregar até 4,43 projetos por mês. Para arredondar, considere quatro projetos por mês.

É aqui que está o grande segredo. Quando você conhece seu processo operacional a fundo, consegue entender com clareza a quantidade de horas que cada uma dessas etapas demanda para você e para seu escritório, ficando mais fácil definir a produtividade de sua empresa. Assim, também controla melhor os processos dentro do próprio negócio e ainda se organiza com mais eficiência, não pegando mais projetos do que é possível, o que evita que passe noites e fins de semana trabalhando.

Além disso, o processo operacional é fundamental para conseguir montar sua prateleira de produtos, pois você poderá identificar tudo o que oferece para o cliente e o que pode tirar de cada entrega de acordo com a real necessidade dos consumidores. Não jogará no escuro, pode ter certeza.

PRODUTOS P, M E G

Como comentamos, com o processo operacional em mãos – ou no papel ou em sua tabela de Excel – você será mais assertivo para determinar seu leque de produtos. Para exemplificar, vamos trabalhar com três tipos – P, M e G –, mas você pode ter uma prateleira maior, com cinco ou seis produtos. Tudo vai depender de sua expectativa, do perfil de seu público e também de sua estrutura. O mesmo vale para os nomes. Você pode definir outros, como básico, intermediário e completo ou usar algo que remeta ao nome de seu escritório.

Escolhemos P, M e G porque remetem imediatamente à quantidade de entregas de serviços dentro do projeto que será oferecido aos clientes. Funciona como uma esteira. O P é um projeto básico, algo mais rápido, sem muito detalhamento. O M já tem um pouco mais de detalhes, e esse detalhamento vai ficando mais elaborado até chegar ao G, que é seu produto top de linha – e que hoje o arquiteto entrega já no começo, sem nem mesmo consultar o que o cliente quer. Com essa formatação, você vai reduzindo o escopo do projeto e, consequentemente, as horas necessárias para sua realização. Além disso, consegue ter um produto de entrada atraente para que seu cliente continue caminhando nessa esteira até, um dia, consumir seu produto mais completo, o G.

Veja que cada um desses itens é um produto diferente, atende a perfis diferentes, demanda um trabalho diferente e, portanto, eles têm preços diferentes. Você pode nos questionar: "Ah, mas se eu fizer somente projetos P e M, estarei perdendo minha lucratividade". Mas é aí que você se engana. Seu preço será menor, mas ele é proporcional ao que você oferece. Então você pode escolher oferecer projetos P e M, por exemplo. Como o nível de detalhamento é baixo, conseguirá entregar mais projetos por mês, aumentando, assim, sua margem de lucro. Já o profissional que escolher realizar projetos G terá um *ticket* médio mais alto, mas precisará de mais horas dedicadas a cada projeto. Repare que tudo será proporcional ao que você entrega.

A diferença é que você entregará o tipo de projeto certo para o cliente, no lugar de uniformizar todo o processo e entregar sempre o mesmo produto.

Ao mostrar para o cliente sua prateleira, você tangibiliza a entrega. O cliente, que até então não entendia o que estava comprando, tem a chance de visualizar o que vai contratar. Essa prateleira ainda favorece seu poder de negociação. É muito comum arquitetos e outros profissionais do setor darem descontos em seus serviços a pedido dos clientes. Só que, quando eles fazem isso, estão jogando dinheiro no lixo. É que você abaixa o valor de seu orçamento, mas continua oferecendo os mesmos serviços. Quando você tem produtos diferenciados, entregará o serviço proporcional ao produto adquirido e pago pelo cliente.

Imagine o quanto otimizará sua operação. Vale lembrar, porém, que isso nada tem a ver com qualidade. A qualidade de entrega tem que ser a mesma em cada produto, pois o que diferencia um do outro é o nível de detalhamento.

Veja a seguir um exemplo de cada um dos produtos. Para montá-los, você deve levar em conta todos os processos que seu escritório oferece aos clientes e usar as horas de trabalho que descobriu fazendo o processo operacional. Por enquanto, vamos apenas montar os produtos considerando as horas de trabalho. No próximo capítulo, você descobrirá o valor ideal de sua hora trabalhada e, aí sim, transformará isso em valor monetário. Vamos lá.

PRODUTO G

É seu produto de prateleira top de linha. Coloque tudo o que você pode oferecer, nos mínimos detalhes, até mesmo a quantidade de imagens 3D do projeto. Como falamos, os clientes precisam enxergar como vai ficar o projeto final e nada melhor do que oferecer essa realidade. Então, nesse produto, estão incluídas sete imagens 3D e mais:

PRÉ-VENDA	PRÉ-PROJETO	OPERACIONAL

▪ Reunião de briefing: 2 horas
▪ Elaboração do orçamento: 1 hora
▪ Elaboração da apresentação do orçamento: 1 hora
▪ Apresentação da proposta: 2 horas
 	
TOTAL: 6 horas
	▪ Medição: 2 horas
	▪ Levantamento e layout: 4 horas
	▪ Desenho técnico: 5 horas
	▪ 3D: 25 horas
	▪ Reunião de aprovação do desenho técnico: 3 horas
	▪ Revisão do projeto: 3 horas
	
	TOTAL: 42 horas
		▪ Anteprojeto: 40 horas:
		  ▪ construir e demolir
		  ▪ piso
		  ▪ elétrica
		  ▪ forro
		  ▪ tampo
		  ▪ paginações
		  ▪ memorial descritivo
		▪ Orçamentos: 10 horas
		▪ Marcenaria: 24 horas
		▪ Visita às lojas: 9 horas
		▪ Reunião de anteprojeto: 3 horas
		▪ Projeto executivo: 16 horas
		
		TOTAL: 102 horas

TOTAL GERAL: 150 HORAS

PRODUTO M

O ponto de partida do produto M é o produto G. Observe tudo o que ofereceu e estude o que pode ou não ser retirado da entrega para o cliente final. Um exemplo é a medição, que pode ser feita pelo cliente e o escritório só orienta como a tarefa deve ser executada. Ou o detalhamento simplificado da marcenaria pode ser desnecessário. Na maioria das vezes, o cliente só quer ver em imagens como ficaria seu projeto. Ou seja, o profissional perde um tempo precioso com detalhes que esse cliente ainda não está pronto para receber.

Assim, um produto M pode oferecer cinco imagens 3D e mais:

PRÉ-VENDA	PRÉ-PROJETO	OPERACIONAL

• Reunião de briefing on-line: 1 hora
• Elaboração do orçamento: 1 hora
• Elaboração da apresentação do orçamento: 1 hora
• Apresentação da proposta on-line: 1 hora
 	
TOTAL: 4 horas
	• Medição: 2 horas
	• Levantamento e layout: 4 horas
	• Desenho técnico: 5 horas
	• 3D: 18 horas
	• Reunião de aprovação do desenho técnico: 3 horas
	• Revisão do projeto: 3 horas
	
	TOTAL: 35 horas
		• Anteprojeto: 38 horas:
		  • construir e demolir
		  • piso
		  • elétrica
		  • forro
		  • tampo
		  • paginações
		  • memorial descritivo
		• Orçamentos: 8 horas
		• Marcenaria: 12 horas
		• Visita às lojas: 5 horas
		• Reunião de anteprojeto: 3 horas
		• Projeto executivo: 16 horas
		
		TOTAL: 82 horas

TOTAL GERAL: 121 HORAS

QUANDO VOCÊ CONHECE SEU PROCESSO OPERACIONAL A FUNDO, ENTENDE COM CLAREZA A QUANTIDADE DE HORAS QUE CADA ETAPA DEMANDA PARA VOCÊ E SEU ESCRITÓRIO E FICA MAIS FÁCIL DEFINIR A PRODUTIVIDADE DA EMPRESA.

PRODUTO P

Assim como fez anteriormente, a definição do produto P deve surgir a partir do M. De novo, observe o que pode ser retirado para diminuir os custos, mas sem perder a qualidade. Pode ser um memorial descritivo mais simples, lista de orçamentos e assim por diante. No exemplo, vamos considerar três imagens 3D e mais:

PRÉ-VENDA	PRÉ-PROJETO	OPERACIONAL
• Reunião de briefing on-line: 1 hora	• Medição: 2 horas	• Anteprojeto: 28 horas:
• Elaboração do orçamento: 1 hora	• Levantamento e layout: 4 horas	• construir e demolir
• Elaboração da apresentação do orçamento: 1 hora	• Desenho técnico: 3 horas	• piso
• Apresentação da proposta on-line: 1 hora	• 3D: 14 horas	• elétrica
	• Reunião de aprovação do desenho técnico on-line: 2 horas	• forro
TOTAL: 4 horas	• Revisão do projeto: 2 horas	• tampo
		• paginações
	TOTAL: 27 horas	• memorial descritivo
		• Orçamentos: 1 hora
		• Marcenaria: 3 horas
		• Visita às lojas: 3 horas
		• Reunião de anteprojeto: 3 horas
		• Projeto executivo: 16 horas
		TOTAL: 54 horas

TOTAL GERAL: 85 HORAS

Agora você já tem sua prateleira de produtos para trabalhar na captação de clientes!

Produto G	150 horas
Produto M	121 horas
Produto P	85 horas

Esses produtos, porém, não podem ser engessados. Isso significa que sempre haverá a possibilidade de um cliente adquirir um produto M, por exemplo, mas desejar só um serviço que tem no produto G. O mesmo pode se repetir no P com alguns elementos do M. Nesse caso, tenha já os valores preestabelecidos de cada serviço quando forem contratados de maneira avulsa. Como acontece em qualquer negociação de venda, esse valor precisa ser um pouco maior do que aquele oferecido dentro do pacote. Desse modo, você possibilita que seu cliente faça as contas e queira fazer um upgrade da contratação, adquirindo, assim, o produto mais completo.

Pense também em caprichar na parte visual. Já falamos que o cliente precisa tangibilizar o projeto para que ele tome a decisão de compra. Então, quanto mais visual for sua apresentação, mais agradará seu consumidor. Mostre o antes e o depois, mostre o ambiente com os móveis (lembrando que o nível de detalhamento vai depender do tipo de produto que foi adquirido), mostre cores e trace uma linha de raciocínio de quando começa e quando termina seu trabalho. Isso fortalecerá sua marca, ao mesmo tempo que o cliente ganhará mais segurança no serviço a ser executado. Coloque seu lado empresário em jogo. Você não está só vendendo um projeto; está captando um novo cliente e lhe vendendo planejamento.

É muito importante que o cliente entenda a diferença entre um serviço e outro e saiba que existem várias etapas que precisam ser cumpridas antes da entrega final. É como se você estivesse dando um recado do tipo: "Vai dar trabalho, mas eu resolvo com qualquer um desses produtos".

PROFISSIONAL DE PEQUENOS PROJETOS

Uma dúvida comum é: se oferecer apenas projetos P, eu ficarei conhecido como um profissional de pequenos projetos? Bom, o primeiro ponto é que você não precisa atender só a esse tipo de demanda. Se você tem uma estrutura já organizada, pode continuar atendendo os projetos G, por exemplo, e criar uma unidade de negócio dentro do escritório que seja especialista em projetos P. São dois trabalhos separados.

Mas, se esse não é seu caso, não há motivo para se preocupar. Esse é um imenso mercado. Lembra-se de que falamos que 85% dos brasileiros fazem obras sem acompanhamento de um profissional de arqdecor? Isso acontece porque ainda existe uma convicção de que é muito caro contratar um profissional especializado, o que torna o serviço inacessível para a maioria das pessoas. Quando o mercado entende que é possível ter esse acompanhamento por um preço menor, você atende a uma fatia de pessoas que antes nem pensavam em contar com esse serviço. Imagine o potencial desse mercado.

Além disso, temos que considerar a esteira de compra desse cliente que tende a fazer uma obra ou redecorar a casa a cada cinco anos. Se, no primeiro momento, ele contrata seu escritório para fazer só o projeto P, a tendência é que ele ande nessa esteira e, na próxima vez, pule para o M. Da mesma maneira, seu escritório caminhará junto a esse cliente e terá um novo produto para oferecer a ele.

Como você viu, a prototipação pensa o melhor produto para seu cliente, sem que isso traga mais horas de trabalho para o escritório. Temos certeza de que, em algum momento, você já entregou mais do que um cliente precisava e ele nem ligou. Olhe só quanto tempo desperdiçado. É que não são todas as pessoas que querem tudo o que você tem a oferecer. Daí a necessidade de trabalhar essa prateleira de produtos, equilibrando as expectativas desde o primeiro contato.

Vamos seguir caminhando no método dos 7 Ps do profissional de arqdecor empreendedor. Depois de definir o tipo de produto que seu escritório trabalhará, é o momento de saber precificar tudo isso, ou seja, determinar o valor de sua hora trabalhada. Quer saber como? É só ler o próximo capítulo.

Para saber mais sobre o assunto, acesse:

https://livroarquitetoempreendedor.com.br/prototipa%C3%A7%C3%A3o

capítulo 5

PASSO 2 – PRECIFICAÇÃO: A QUANTO É POSSÍVEL VENDER UM PROJETO

Agora que você entendeu o que é a prototipação e sabe como definir sua prateleira de produtos, está na hora de transformar as horas de trabalho em valores monetários. Isso significa descobrir a quanto poderá vender cada projeto. Chegamos à precificação, o segundo P do método.

No setor de arqdecor, é comum a cobrança por metro quadrado. O profissional dispõe de uma tabela predefinida e usa esse valor ou se baseia no mercado, no que outros arquitetos estão usando como valor de metro quadrado. Então ele faz o orçamento para o cliente levando em consideração apenas a metragem do apartamento. Mas, se você chegou até aqui neste livro, já percebeu que esse conceito está defasado, afinal defendemos a ideia de criar uma prateleira de produtos calculada pelo número de horas de trabalho.

É preciso que você entenda melhor por que a cobrança por metro quadrado está fora da realidade de uma empresa que pensa em crescer. Imagine que um arquiteto pegue dois apartamentos idênticos de um mesmo prédio para reformar. O proprietário do apartamento 1 é o Tiago e o do apartamento 2 é o Mário. Como é hábito no mercado, o arquiteto perde horas fazendo um *book* enorme de projetos para serem apresentados a cada um deles.

Porém, os dois têm demandas diferentes. Tiago só quer fazer o básico – planta baixa, estudo preliminar e licenças para poder fazer a reforma – para se mudar rapidamente. Já Mário é um executivo, aquele é seu quarto apartamento, tem uma vida social agitada, gosta de receber os amigos em casa e quer um projeto diferenciado, cheio de detalhamento. E mais: não quer ter dor de cabeça com nada. Seu desejo é um apartamento pronto.

Ora, se levasse em conta a cobrança por metro quadrado, você cobraria o mesmo valor pelos dois projetos. Isso faz sentido se cada projeto tem demandas muito diferentes entre eles? Já se a cobrança fosse feita por horas trabalhadas, com certeza seriam dois orçamentos diferentes, mas que atenderiam exatamente a demanda de cada um deles.

O que é preciso, porém, para não cair nesse erro? Saber quantas horas cada projeto demanda e as horas produtivas de sua equipe – como vimos no capítulo anterior –, além de saber cobrar o valor correto por cada hora de trabalho, levando em consideração, inclusive, sua margem de lucro. Hoje, os arquitetos e decoradores simplesmente ignoram esse fator.

Parece difícil chegar a esse valor de hora de trabalho? Calma que vamos ajudá-lo com isso no decorrer deste capítulo. Continue conosco!

SEPARE A CONTA FÍSICA DA JURÍDICA

O primeiro passo é entender todos os custos que envolvem seu escritório. Sem essa visão, você não conseguirá visualizar o valor de sua operação e isso impactará todo o processo.

Comece separando a conta física da jurídica. Não vai adiantar ter todo esse trabalho se as contas permanecerem misturadas. Filipe Colombo, no livro *Gestão profissional na prática*,[16] conta uma historinha que exemplifica bem o perigo desse hábito.

> Imagine um fazendeiro que tenha uma vaca leiteira e o seu sustento venha da venda do leite produzido por ela. Ele cuida muito bem dessa vaquinha e dá o que tem de melhor a ela. Um dia, resolve não comprar mais a melhor ração, pois assim pode usar o dinheiro que economizou para comprar um celular novo para ele. Como consequência, a vaca começa a produzir menos leite, pois tem menos nutrientes, e o fazendeiro precisa ir ao mercado comprar leite para vender porque sua vaca já não produz o suficiente. Como o leite no mercado é mais caro, o fazendeiro fica com menos dinheiro e, na próxima compra de ração, terá que optar por uma qualidade ainda mais inferior. Ao longo do tempo, a vaca ficará magra e tão debilitada que acabará morrendo. O fazendeiro, então, terá que procurar emprego para se sustentar. A vaca é a sua empresa. Em vez de continuar investindo o lucro da venda de leite para comprar rações melhores e até mais vacas, o fazendeiro gastou, de maneira errada e no

16 COLOMBO, Filipe. op. cit.. p. 77.

momento errado, os recursos que deveriam ser usados no reinvestimento do próprio negócio.

Percebe como um ato simples pode significar um grande prejuízo? O objetivo é profissionalizar seu escritório. Portanto, separe as contas!

Em seguida, coloque no papel, item por item, tudo o que você gasta para trabalhar. Aluguel, água, luz, telefone, internet, serviços terceirizados que você contrata eventualmente, contador, impostos, o almoço com o cliente, o cafezinho, enfim, tudo, tudo mesmo que você gaste ou tenha ligação com o escritório. O ideal é fazer esse levantamento por cerca de três meses para entender exatamente seus custos.

Nessa hora, não vale se enganar. Seja fiel a tudo o que você gasta. Quem nunca fez esse levantamento pode até se assustar porque provavelmente vai perceber que seu custo é muito maior do que imaginava. Encarar essa realidade é fundamental para esse novo empreendedor que está surgindo.

Os gastos pessoais, como a escola de seu filho e o almoço de fim de semana com a família, não entram aqui. Está vendo como é importante separar as contas? Se você não as separa, talvez acabe usando o dinheiro da empresa para pagar as contas pessoais e, então, ficará sempre com a sensação de que não ganha dinheiro. Ou ainda: como não tem noção de seu salário mensal, poderá usar o dinheiro da empresa na vida pessoal e atrasar seus compromissos financeiros profissionais.

PLANILHA DE CUSTOS

Com esses números em mãos, crie uma planilha separando cada um deles em três colunas: custos fixos, custos variáveis e investimentos. Da seguinte maneira:

O PRIMEIRO PASSO
É ENTENDER
TODOS OS CUSTOS
QUE ENVOLVEM
SEU ESCRITÓRIO.
SEM ESSA VISÃO,
VOCÊ NÃO
CONSEGUIRÁ
VISUALIZAR O
VALOR DE SUA
OPERAÇÃO E ISSO
IMPACTARÁ TODO
O PROCESSO.

CUSTOS FIXOS

São todos aqueles que não mudam em seu escritório. Independentemente do número de projetos que você pegar, esses custos sempre vão existir. São o aluguel, a energia elétrica, a água, a internet, o escritório de contabilidade, a folha de pagamento e os encargos obrigatórios (caso tenha funcionários fixos), bem como as licenças exigidas pelas sociedades de classe.

Atenção: mesmo que não tenha um custo fixo, pois não trabalha em um escritório externo (trabalha em casa, por exemplo), calcule a média de valor gasto com aluguel, água, energia elétrica, internet etc.

Insira nos custos fixos também seu pró-labore e o do sócio (caso haja). O pró-labore é o "salário" que o dono da empresa define para receber. Mesmo que, no fim do mês, não consiga ter esse valor em mãos, você precisa adicioná-lo aos custos da empresa.

Para explicar, vamos voltar ao exemplo do escritório fictício João Chaves Arquitetura e Interiores.

CUSTOS FIXOS	VALOR
Aluguel	R$ 800,00
Água	R$ 150,00
Luz	R$ 250,00
Internet	R$ 120,00
Mensalidade do contador	R$ 450,00
Folha de pagamento (com impostos)*	R$ 10.900,00
Pró-labore	R$ 10.000,00
TOTAL	**R$ 22.670,00**

* Considerando o salário de R$ 6 mil para o arquiteto, R$ 1,2 mil para cada estagiário e R$ 2,5 mil para o responsável administrativo, já com impostos.

Portanto, o custo fixo do escritório é de 22.670 reais.

CUSTOS VARIÁVEIS

São o inverso dos custos fixos. São os valores que mudam de acordo com o faturamento do escritório. Se há mais projetos no mês, os custos variáveis sobem. Se há menos, o custo fica mais baixo. Entram os impostos, materiais de escritório, transporte e combustível, alimentação (almoços e cafés com clientes, por exemplo) e custos operacionais, como plotagem de projetos, colaboradores terceirizados, serviço de 3D e renderização.

Dica: o custo de transporte pode ser inserido em custo variável ou em custo fixo. Avalie o que é melhor para a realidade do seu escritório.

INVESTIMENTO

É tudo aquilo que você gasta para melhorar o escritório e tem um prazo determinado para pagar, como um curso, um computador novo, uma revista especializada que você assine. Note que esses custos não influenciam no escritório no momento atual, mas potencializam o trabalho e, consequentemente, seu desempenho.

Você computou todos os custos de seu escritório. E por que medir? Porque só o que pode ser medido pode ser melhorado, como dizia o escritor e professor Peter Drucker, considerado o pai da administração.[17] Talvez você tenha até

---

17 JORNAL DO EMPREENDEDOR. **10 frases de Peter Drucker que podem mudar a sua percepção de mundo**. Disponível em: https://jornaldoempreendedor.com.br/destaques/inspiracao/10-frases-de-peter-drucker-que-podem-mudar-a-sua-percepcao-de-mundo/. Acesso em: 9 mar. 2022.

se assustado. É que alguns profissionais nunca organizaram suas contas dessa maneira. Só vão pagando e pagando, misturando com as contas pessoais, e nunca se dão conta de quanto realmente gastam e, muito menos, de quanto ganham. Mas agora você não tem mais desculpas para continuar caminhando no escuro. Pode ser até dolorido, mas ter esse número é fundamental para conseguir precificar sua hora de trabalho, a nossa próxima etapa.

PREÇO CORRETO (E COM LUCRO)

Já nos perguntaram muitas vezes qual é o preço certo para se cobrar por um projeto. O que explicamos é que não existe um valor fixo e igual para todos os escritórios. O valor certo de um projeto é aquele em que você tem margem de lucro antes de vender seu produto. Isso mesmo! Isso significa ter consciência de sua produtividade, do valor de sua hora trabalhada e da porcentagem de lucro que deseja obter com esse trabalho.

Entendida essa parte, vamos ensinar um caminho para você precificar corretamente os projetos de acordo com sua realidade. Tenha em mãos o gasto em horas trabalhadas dos processos que executa e também da produtividade de seu escritório (quanto cada pessoa trabalha por dia). Fizemos esses cálculos no capítulo anterior.

Para exemplificar, vamos recorrer novamente ao escritório do João Chaves. Só para recordar: ele oferece projetos com 154 horas trabalhadas e a equipe trabalha 682 horas por mês, sendo que o proprietário tem 110 horas ativas e a equipe soma 572 horas ativas no mês.

ETAPA 1: VALOR DA HORA TRABALHADA DO ESCRITÓRIO

Para descobrir, divida os custos fixos do escritório pelo total de horas trabalhadas, da seguinte maneira:

custos fixos / horas ativas por mês

Então: R$ 22.670,00 / 682 = R$ 33,24.

O valor da hora produtiva trabalhada pelo escritório é de 33 reais e 24 centavos, incluindo a equipe e o proprietário.

ETAPA 2: CUSTO DO PROJETO

Pegue as horas somadas de todos os processos executados por seu escritório e multiplique pelo valor da hora produtiva que encontrou acima.

No escritório do João, o projeto completo tem 154 horas, portanto, $154 \times 33,24$ **= R$ 5.118,96.**

O próximo passo é colocar os custos variáveis que esse projeto demandou, como o almoço com o cliente, possíveis impressões, ART (Anotação de Responsabilidade Técnica), RRT (Registro de Responsabilidade Técnica), entre outros.

Vamos considerar que o escritório João Chaves pagou 500 reais de plotagem e 100 reais de ART. Lembrando que o valor de impostos depende do tipo de enquadramento fiscal de sua empresa.

Portanto:

R$ 5.118,96 + R$ 600 = R$ 5.718,96 ▶ custo do projeto com variáveis

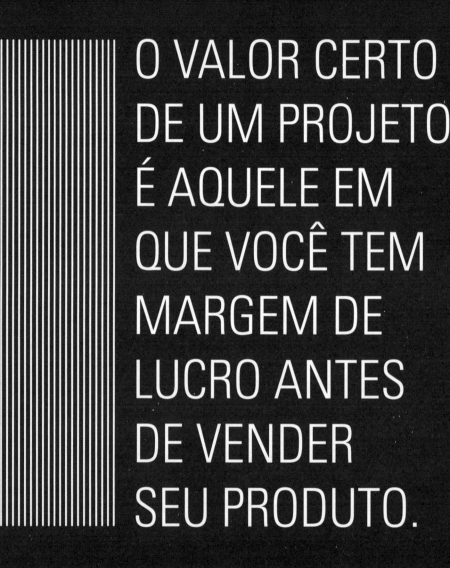

ETAPA 3: MARGEM DE LUCRO

Agora é o momento de incluir sua margem de lucro e detalhes que fazem parte da precificação, como complexidade do projeto, potencial criativo e o imposto na emissão da Nota Fiscal de Serviços. Consulte seu contador; ele poderá dar as orientações a esse respeito.

A saber:

- Margem de lucro é o lucro que a empresa tem em cada negociação. É determinada por uma porcentagem que você adiciona ao custo total, formando o preço final de uma negociação. Nossa sugestão: considere 20%.
- Complexidade do projeto é o nível de conhecimento técnico que você aplica para a execução do projeto. Por exemplo: você é contratado para projetar uma casa em um terreno acidentado, com um precipício. Além disso, o cliente pede uma casa de madeira com estrutura de vidro. Você precisará estudar mais e dedicar mais horas para desenhar o projeto, dada sua complexidade. Aqui você pode considerar até 10%.
- Potencial criativo é a relevância que o profissional tem no segmento que está atendendo. Exemplo: você já ganhou um ou mais prêmios em projetos de clínicas médicas, portanto se tornou referência no segmento. A margem gira em torno 10%.

Tanto a complexidade do projeto como o potencial criativo são valores inegociáveis. Não tem como baixar esses valores. No primeiro caso, porque essa é sua margem de risco. Caso haja algum deslize, algum problema, você não tem prejuízo. Já o potencial criativo é sua maneira de valorizar sua marca. A margem de lucro, porém, é opcional. Se achar melhor, pode até zerá-la (embora não ganhará nada com o projeto, cuidado!). Por isso, sugerimos de 0% a 20%.

Para exemplificar, vamos considerar 20% de margem de lucro, 10% de complexidade do projeto, 10% de potencial criativo e 6% de imposto de emissão de NF. Lembrando que o percentual de imposto vai depender do enquadramento fiscal de sua empresa. Consulte seu contador a respeito disso. Então:

custo do projeto / (1 - (margem de lucro + imposto))

No exemplo que mostramos:

R$ 5.718,96 / (1 - 46%) = R$ 10.590,67 ▶ preço de venda de seu projeto

ETAPA 4: VERIFICAÇÃO

Com o valor de venda do projeto e com a capacidade de atendimento do escritório (que você descobriu no capítulo anterior), é possível verificar qual é o valor de seu faturamento mensal e quanto sobra para o escritório ao fim do mês. Use a seguinte fórmula:

preço de venda do projeto × projetos atendidos no mês = faturamento mensal
R$ 10.590,67 × 4 = R$ 42.362,68 ▶ faturamento mensal
faturamento mensal − custos fixos do escritório = lucro mensal do escritório
R$ 42.362,68 − R$ 22.670,00 = R$ 19.692,68 ▶ lucro bruto mensal (sem considerar custos variáveis e impostos)

Com esse processo, o custo de um projeto fica mais assertivo e você consegue visualizar sua margem de lucro, em vez de ficar somente no chute. Você sabe exatamente qual é o custo e qual é o lucro. Você entende melhor, precifica melhor e lucra mais. Consequentemente, tem condições de fazer um planejamento financeiro e projetar seu escritório para os próximos cinco anos. Como já falamos, você não estará no escuro.

PROTOTIPAÇÃO × PRECIFICAÇÃO

É com essa precificação que você aprendeu que vai descobrir quanto cobrar em cada produto de sua prateleira. Em prototipação, você criou os produtos e descobriu de quantas horas cada um deles precisa para ser executado. Usando os mesmos cálculos, você transforma as horas em valor monetário.

Vamos recorrer ao exemplo anterior. Consideremos que o produto não tem custos variáveis envolvidos ou você já os incluiu ao criar a prateleira. Então:

- Produto G = 154 horas
  R$ 33,24 (custo da hora trabalhada) × 154 = R$ 5.118,96 / (1 - (40% + 6%)) = **R$ 9.479,55**
- Produto M = 121 horas
  R$ 33,24 (custo da hora trabalhada) × 121 = R$ 4.022,04 / (1 - (40% + 6%)) = **7.448,22**

- Produto P = 85 horas

    R$ 33,24 (custo da hora trabalhada) × 85 = R$ 2.825,40 / (1 - (40% + 6%)) = **R$ 5.232,22**

Assim, com a precificação, a prateleira de produtos ficaria da seguinte maneira:

PRODUTO	VALOR
G	R$ 9.479,55
M	R$ 7.448,22
P	R$ 5.232,22

Pronto! Agora você já sabe qual é o valor para cobrar em seus projetos e em sua prateleira de produtos. Porque não existe o preço certo, mas, sim, o bem cobrado.

Você está conhecendo a fundo seu escritório. Mas sua jornada como profissional de arqdecor empreendedor continua. Uma coisa é certa: você não sairá desta caminhada como entrou. Prepare-se para as mudanças!

Para saber mais sobre o assunto, acesse:

https://livroarquitetoempreendedor.com.br/precificacao

capítulo 6

PASSO 3 – PERSONAS: QUEM COMPRA SEU PROJETO

Quem vende para todo mundo não vende para ninguém. Você já deve ter escutado essa frase em algum momento da vida. Se ainda não a ouviu, ela significa que nenhum negócio se sustenta resolvendo as dores de todos os perfis de clientes. O seu negócio precisa achar clientes que se identifiquem com você e com a dor que você resolve. É sobre isso que falaremos neste capítulo. Assim, o terceiro P do método do profissional de arqdecor empreendedor são as personas.

Até aqui, você organizou a casa ao trabalhar sua prototipação e precificação. Agora é hora de pensar da porta para fora e entender quem você quer atingir, qual é seu público-alvo de atendimento, em qual segmento de atuação você está (comercial, residencial, industrial) ou gostaria de estar, quem é sua persona e qual é a importância de ter essas informações.

Persona é a personificação do cliente de sua empresa. Assim como acontece com outros tipos de negócio, o profissional de arquitetura e o designer de interiores sofrem com a dor de não saberem com quem eles falam.

Como os primeiros clientes vêm de indicação, é comum atenderem quem aparece. E, assim, carregam esse hábito por toda a vida. Em um primeiro momento, até parece um bom negócio falar com todo mundo. A impressão que passa é de que, agindo dessa maneira, o escritório terá sempre clientes. Mas, na verdade, isso é só uma crença limitante do profissional que, acreditando não ser capaz de atrair o cliente certo para seu negócio, acaba se rendendo àquele que aparece.

Esse profissional se esquece de que empreender tem seus riscos – ou ele tem medo de assumir esses riscos. A verdade é que empreender não é só "deixar a vida levar", mas controlar cada peça desse grande jogo. Quando você sabe para quem vende, consegue oferecer o produto certo com o preço certo para satisfazer a necessidade desse cliente. No setor de arqdecor acontece a mesma situação. O cliente vai procurar o escritório que ele acredita que resolverá suas principais dores, e é muito importante que o profissional entenda o cliente para solucionar esses problemas.

Arquitetos e designers de interiores tendem a atender clientes com perfis parecidos com os deles. O que isso significa? Imagine um profissional de 30 anos, casado e com filhos. A tendência é que seus clientes tenham esse mesmo perfil. Isso acontece por causa da indicação. Um cliente indica o outro, e todos pertencem ao mesmo grupo e têm perfis muito parecidos.

Com o passar do tempo, assim como acontece com essas pessoas que mudam de vida e de perfil, o arquiteto ou o designer de interiores também evolui junto. O que leva a crer que elas continuarão a ser clientes do mesmo profissional.

É aí que, mesmo sem perceber, o profissional começa a direcionar sua carreira. Em algum momento, surge uma oportunidade, ele faz o projeto e depois outro, outro e outro. Quando se dá conta, já é especialista em um segmento. Ele não escolheu, mas foi "jogado" para lá. Resumindo: não foi ele quem direcionou sua carreira; a carreira foi direcionada pelo destino.

É algo ruim? Não, não é. Mas não precisa ser assim. Você pode escolher o segmento de que mais gosta ou com o qual tem mais afinidade. Basta fazer um planejamento e se direcionar para atender o cliente certo para você.

PERFIS DIFERENTES DE CLIENTES

O melhor caminho para direcionar sua carreira e atender os clientes certos é conhecendo bem o mercado e o perfil dos consumidores. Quanto mais informações você tiver, melhor será para afinar o perfil do cliente. Conhecendo-o bem você consegue, além de criar uma identificação e saber que é esse o meio em que deseja se especializar, entender as dores e necessidades do cliente, tornando seu trabalho mais assertivo. Consequentemente, atrairá cada vez mais clientes e aumentará a lucratividade do escritório.

Comece por separar em nichos mais genéricos; depois, faça subnichos para chegar no perfil ideal do seu cliente: por exemplo, ser um escritório especializado em franquias dentro de shoppings. Os nichos apresentados servem tanto para reformas quanto para construções e podem ter necessidades diferentes. A seguir, três exemplos de nichos.

- **Residencial:** clientes que têm uma relação mais próxima com o profissional e são apegados a detalhes. Para eles, reformar a casa é, muitas vezes, um sonho.

- **Comercial:** clientes que contratam o profissional para entregar um projeto dentro das necessidades de sua empresa. Exemplo: restaurantes, consultórios médicos, academias etc. É um relacionamento de negócio, sem muita proximidade. Para eles, é importante o cumprimento de prazos, já que dependem desse espaço para desempenhar suas atividades profissionais.
- **Industrial e predial:** são clientes que buscam otimização e menor custo. Geralmente são projetos replicáveis, ou seja, aqueles que seguem um padrão e são construídos da mesma maneira em vários locais diferentes, como galpões, fábricas e franquias.

Cada um desses nichos pode ser dividido em construção e em reforma e design de interiores. Agora, responda: qual desses segmentos você já atende ou gostaria de atender? Esse é seu ponto de partida. Não tem problema se atende mais de um ou ainda tem dúvidas do que prefere. Guarde sua resposta e vamos seguir caminhando. Ao afinar mais o perfil de seu cliente, provavelmente você achará outras respostas que o ajudarão nessa busca.

Para isso, propomos o seguinte caminho:

Você já conhece os nichos de mercado, agora vamos falar de público-alvo e personas.

PÚBLICO-ALVO

O público-alvo é um grupo de pessoas que compõem o perfil de consumidores para o qual determinado negócio se destina. A identificação desse grupo é feita a partir de características mais gerais. E por que identificá-lo? Porque é a partir daqui que você começa a entender os clientes que quer atingir.

Para encontrar seu público-alvo, pense em seu produto e analise quais são as dores que ele resolve. Depois, descreva qual é o público que você acredita que precisa dessa solução. Exemplo: pessoas que se mudaram recentemente de residência e precisam deixar os ambientes adequados para a família. Ou o profissional liberal que quer deixar seu ambiente de trabalho mais funcional.

Vamos filtrar um pouco mais esse grupo que você achou levando em consideração três fatores:[18]

- **Geografia:** país, região, estado, cidade, número de habitantes da cidade, clima.
- **Demografia:** idade, gênero, estado civil, número de filhos, profissão, grau de escolaridade, nacionalidade.
- **Aspectos pessoais:** estilo de vida (saudável, minimalista, criativo etc.), personalidade (sociável, autoritário, intimista etc.), valores, interesses.

---

18 LACERDA, Larissa. Público-alvo: o que é e como dialogar com quem precisa. **Rock Content**, 26 nov. 2020. Disponível em: https://rockcontent.com/br/blog/publico-alvo/. Acesso em: 19 nov. 2021.

Para essa busca ser mais assertiva, você pode usar os dados extraídos de perfis das redes sociais. Pela conta comercial do Instagram, por exemplo, é possível obter informações como faixa etária de seus seguidores, local em que vivem, gênero. Ou, se você tem um site, pode usar o Google Analytics. Essa ferramenta é gratuita e, além de mostrar o número de visitantes de seu site, gera relatórios com características dessas pessoas, como faixa etária, onde vivem, gênero, o que buscam quando chegam a seu site, comportamento na internet, entre outras informações valiosas para seu negócio.[19] Esses dados permitem segmentar ainda mais seu alvo e mostrar com mais clareza quem são as pessoas que podem se interessar por seu produto.

Você também pode conversar com seus clientes atuais. Pergunte a eles quais são suas principais dores, seus medos, o que esperam quando contratam um escritório de arquitetura e encontre as respostas que mais aparecem – chamamos isso de padrão.

Assim, em um escritório de arqdecor, o público-alvo encontrado poderia ser homens e mulheres, com idade entre 35 e 50 anos, casados, com filhos, residentes da cidade de São Paulo, que querem uma casa aconchegante e que seja ideal para receber os amigos, trabalham o dia todo e não têm tempo para cuidar de detalhes de reforma e decoração. Ou médicos, idade entre 30 e 40 anos, com consultório próprio no interior de São Paulo, preocupados com a funcionalidade do espaço que ocupam.

---

19 GOOGLE Analytics: conheça seus clientes. **Google Marketing Platform**, [S.d.]. Disponível em: https://marketingplatform.google.com/intl/pt-BR_br/about/analytics/. Acesso em: 20 nov. 2021.

PARA ENCONTRAR SEU PÚBLICO, PENSE EM SEU PRODUTO, ANALISE QUAIS SÃO AS DORES E DESCREVA QUEM PRECISA DESSA SOLUÇÃO.

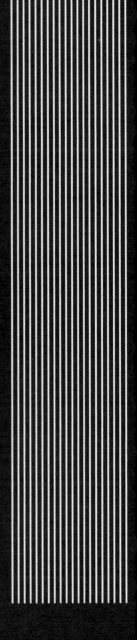

Anote tudo o que encontrou, pois, com seu público-alvo bem definido, você estará pronto para caminhar mais um pouco e chegar a sua persona.

PERSONA

Persona é a representação fictícia, porém com características reais, do cliente ideal para seu negócio. É extraída do público-alvo, que agora ganha detalhes como nome, hábitos, interesses e dores. Como fazer isso? Isso é um chute? Claro que não! Não adianta ir colocando o que você quer ou acha. Dessa maneira, continuará errando e, definitivamente, não é isso que queremos para seu negócio.

Para chegar a esse perfil, sugerimos que você use o mapa da empatia. Criado por Dave Gray, fundador da XPLANE,[20] consultoria especializada em *design thinking*, trata-se de um painel intuitivo em que as respostas em cada quadrante ajudarão a compor esse personagem e a ter uma compreensão profunda de sua persona para oferecer as soluções ideais para ela. Assim, é possível melhorar cada vez mais a experiência do consumidor. Além disso, o criador coloca o mapa da empatia como uma importante ferramenta que ajuda as equipes a compreenderem melhor outras pessoas, podendo ser usada até mesmo para promover o convívio no próprio ambiente de trabalho.[21]

Veja como funciona:

---

[20] SILVA, Douglas da. O que é o mapa da empatia e como ele pode ajudar em sua estratégia? **Zendesk**, 6 nov. 2020. Disponível em: https://www.zendesk.com.br/blog/o-que-e-mapa-empatia/. Acesso em: 17 jan. 2022.

[21] MAPA da empatia: o que é e como preencher. **G4 Educação**, 15 set. 2021. Disponível em: https://g4educacao.com/portal/mapa-da-empatia/. Acesso em: 17 jan. 2022.

Nome: _____ Idade: _____

O QUE
PENSA E SENTE?

O QUE
OUVE?

O QUE
VÊ?

O QUE
FALA E FAZ?

QUAIS SÃO **AS DORES?**

QUAIS SÃO **AS NECESSIDADES?**

Observe que o mapa da empatia é dividido em seis partes (os quadrantes):

- **O que pensa e sente?** – Refere-se ao que o cliente pensa em relação à contratação de seu serviço e quais são os sentimentos dele ao contratar um serviço desse tipo.

- **O que vê?** – Refere-se aos canais de comunicação em que ele encontra seu serviço ou consegue encontrá-lo durante uma busca.

- **O que fala e faz?** – Refere-se ao que ele fala sobre seu serviço.

- **O que ouve?** – Refere-se ao que ele ouve falar sobre seu serviço e de quem ouve.

- **Quais são as dores?** – Refere-se aos motivos pelos quais ele precisa contratar seu serviço. O que o afeta? Quais são os medos dele? O que ele espera ao contratar seu serviço?

- **Quais são as necessidades?** – O que ele necessita para que esse serviço o satisfaça completamente, quais são os benefícios que ele espera ter com um projeto personalizado de arquitetura e decoração.

Comece escolhendo um nome (use a criatividade!) e a idade das personas que serão criadas (tendo em mente seu público-alvo). Depois, acrescente as respostas para as perguntas; para encontrá-las, baseie-se nos clientes que já atendeu. Você pode anotar as respostas no próprio quadrante ou, se tiver a oportunidade, imprima o mapa em uma folha grande e fixe nela fitas autoadesivas coloridas com os comportamentos. Ficará mais fácil de visualizar. O ideal é selecionar de cinco a seis comportamentos para cada pergunta.

Ao final desse processo, você encontrará uma persona bem detalhada. Por exemplo: Francisco, publicitário, 33 anos, casado com Paula, nutricionista, tem um filho de 4 anos, mora em um apartamento próprio de 100 metros quadrados, frequenta academia, gosta de viajar nas férias para conhecer lugares diferentes e de preparar jantares em casa aos fins de semana. Seu sonho é ter uma varanda gourmet para juntar mais amigos e um escritório em casa para *home office*, mas sem misturar casa e trabalho no mesmo ambiente. Pensa em contratar um escritório de arqdecor a fim de conseguir boas opções de projetos para otimizar o espaço que tem em casa.

Ou pode ser Michele, médica dermatologista, 30 anos, solteira, que está montando seu primeiro consultório. Nos fins de semana, ela frequenta parques para andar de bicicleta e correr. Gosta de passar as férias na praia e adora dividir esses momentos nas redes sociais, nas quais acumula mais de 100 mil seguidores. Também aproveita para apresentar as últimas novidades em saúde para os pacientes, mas não tem um espaço que seja dividido entre clínica médica e tratamento estético, o que limita sua produtividade. Como já usa o espaço, precisa de uma reforma que não atrapalhe seus atendimentos já agendados e que seja feita o mais rápido possível.

Verifique que são características muito específicas. Elas são fundamentais para você criar sua prateleira de produtos, direcionar melhor seus investimentos de marketing, criar postagens mais atrativas nas redes sociais e também desenvolver uma relação mais próxima com seu cliente, afinal agora você conhece seus gostos e suas dores. Sugerimos que você tenha de três a quatro personas diferentes e faça um mapa para cada uma delas. Isso lhe possibilitará expandir seu negócio e se relacionar com um público maior.

E mais: isso lhe dará firmeza para falar "não" àqueles clientes que estão fora do perfil que você deseja atender. Ou seja, não precisará mais atender a todos os perfis que batem à sua porta. Ter esse poder é libertador, acredite!

É muito importante que você sempre revisite esse exercício, pois, com o passar do tempo, outros comportamentos podem ser agregados às suas personas, levando em consideração os clientes que você está atendendo e o feedback que recebe no pós-vendas. Isso deixará seu conhecimento sobre os clientes cada vez mais afinado.

> ## CLASSE SOCIAL NÃO COMPRA PROJETO
>
> Há profissionais de arquitetura e design de interiores que, desde o início da carreira, já determinam que vão trabalhar apenas com o público AA, que não tem o hábito de questionar custo de projeto ou produtos e quer alguém que cuide de tudo e o livre de preocupações.
>
> No entanto, por mais que o sonho do profissional de arqdecor seja trabalhar para esse público, tal comportamento só reforça aquela ideia de que contratar um profissional especializado é algo inacessível e que só pessoas com alto poder aquisitivo têm possibilidade de contar com esse serviço. Além disso, limita o campo de atuação. Vimos que 85% dos brasileiros que já fizeram reformas não tiveram o acompanhamento de um profissional de arqdecor. Perceba o tamanho da parcela de pessoas que você poderia atender, mas deixa de fora de seu radar. Não é a classe social que determina se o cliente fechará o projeto ou não, mas, sim, sua necessidade de encontrar um profissional que cure suas dores. Acredite: há pessoas desassistidas que podem ser atendidas!

CLIENTES CERTOS PARA PRODUTOS CERTOS

Com o conhecimento das personas, verifique se esse perfil que traçou está de acordo com dois fatores importantes. O primeiro é com sua geolocalização: saber se na região que você atende ou que pretende atender existem clientes que se parecem com sua persona. Afinal, não adianta descobrir seu cliente ideal e não saber onde ele está ou descobrir, na prática, que está muito longe de você. Claro que tecnologia ajuda muito, mas há situações em que nada substitui uma reunião presencial com o cliente (falaremos mais sobre isso no Capítulo 10).

Para fazer esse rastreamento, o melhor caminho é usar o Google Ads. Trata-se da plataforma de anúncios do Google em que é possível filtrar os clientes mais relevantes para sua empresa e saber quantos deles existem dentro de determinado raio de distância.

O segundo fator de verificação, e que não deve ser desprezado, é a combinação entre persona, prototipação e precificação. Agora que conhece seu cliente ideal, verifique se a prateleira de produtos que criou e se o preço que definiu para seus projetos estão de acordo com ele. Lembra-se de quando falamos sobre o método e que, em algumas etapas, seria preciso validar outras para seguir para o próximo passo? Pois é, agora mesmo que você vai fazer isso.

Pegue sua persona e coloque-a ao lado de sua prateleira de produtos. Elas combinam? Sua prateleira de produtos atende às expectativas de suas personas? O preço está bem cobrado? É adequado ao perfil de seus clientes?

Para ficar mais claro, vamos recorrer (de novo!) ao escritório fictício João Chaves Arquitetura e Interiores. Suas personas são Francisco e Michele, das quais falamos anteriormente.

PERSONA	PERFIL	PRODUTO
Francisco	Precisa de boas opções de projeto para otimizar espaço.	M
Michele	Precisa de uma obra que não atrapalhe seus atendimentos e não tem tempo de acompanhar o profissional de arqdecor.	G

Comparando os perfis com os produtos P, M e G que o escritório oferece, percebemos que se encaixam perfeitamente em sua prateleira de produto, portanto a prototipação está perfeita. João Chaves tem produtos e preços que atendem às necessidades de ambos os perfis.

Caso você não encontre o produto ideal, volte para sua prototipação e revise seus produtos. Sugerimos que faça as adaptações necessárias para que eles combinem com suas personas. Outra opção é criar uma prateleira de produtos maior, como fez a arquiteta Maria Cecília. Depois de estudar suas personas, ela entendeu que um produto nunca vai estar totalmente pronto, que sempre haverá alterações, então criou uma prateleira com os tipos de produto que consegue distribuir entre o perfil de seus clientes. Essa é uma boa opção para não perder mercado, porém exige um conhecimento profundo de suas personas e uma estrutura no escritório para trabalhar com a diversificação de produtos. Se você tem essa possibilidade, a ideia de Maria Cecília é uma boa estratégia.

Como você viu, o mercado de arqdecor é muito maior do que muitos profissionais acreditam. Há diversos segmentos e também perfis diferentes de clientes que podem ser atendidos. Entender como esse processo funciona abre seu campo de atuação e ainda lhe dá um entendimento claro do que seu cliente procura e precisa. Quando você domina essas variáveis, tem cada vez mais seu escritório na mão, aumentando a possibilidade de produzir mais e, portanto, lucrar mais também. Pense nisso!

Para saber mais sobre o assunto, acesse:

https://livroarquitetoempreendedor.com.br/personas

capítulo 7

PASSO 4 – PROCESSOS: QUEM AJUDA A EXECUTAR SEUS PROJETOS

A té aqui, você já tem sua prateleira de produtos, sabe o bom preço a ser cobrado pelos projetos e conhece o cliente ideal para seu escritório. Então é hora de olhar para dentro do escritório novamente e apostar em seu motor de crescimento: as pessoas que trabalham em sua empresa. Não existe empresa sem gente para executar as tarefas do dia a dia, e o resultado delas interfere diretamente no negócio.

O colaborador é parte essencial do trabalho de quem deseja crescer profissionalmente. Quem quer escalar precisa pensar como empresa, e uma empresa não anda sozinha. Mas o que vemos é justamente o contrário. Uma das principais características do profissional de arqdecor que trabalha por conta própria é ter apego aos processos e centralizar todas as tarefas em si mesmo. Ele quer cuidar dos projetos, do atendimento ao cliente, do marketing, da administração, da gestão financeira, da negociação com o cliente, da gestão de pagamentos e cobranças e tudo o mais que envolve o negócio. É por isso que há um número grande de escritórios enxutos ou arquitetos e designers de interiores que trabalham sozinhos. No levantamento que fizemos, 89,6% dos escritórios tinham de um a cinco funcionários, incluindo o próprio profissional de arqdecor. Apenas 2,7% tinham mais de dez funcionários.

Além disso, mesmo quando pensa em ter uma equipe, o profissional de arquitetura e o designer de interiores travam na questão de custos. É que, na falta de um planejamento estratégico (falaremos mais sobre isso no Capítulo 9), eles acreditam que não conseguem bancar esses funcionários e acabam definindo que é melhor seguir sozinhos. O que acontece é que a conta não fecha no fim do mês e, se não fecha, como contratar mais pessoas?

Bom, você já leu metade deste livro e entendeu que precisa conhecer seu processo operacional para quantificar a produtividade do escritório e calcular quanto cada funcionário custa para, a partir daí, conhecer o valor de sua hora de trabalho. Ou seja, você já tem informações riquíssimas que não tinha antes de começar esta leitura. Então está preparado para o desafio de definir como e quando contratar pessoas.

JORNADA DO CLIENTE

Contratar exige planejamento. Você precisa saber de quantas pessoas necessita para executar um projeto, quais funções cada uma ocupará, quantas horas trabalharão por dia e assim por diante. Isso é necessário para que as contratações sejam realmente produtivas para seu escritório. Quem não se planeja pode cometer dois erros. O primeiro é não contratar ninguém e não conseguir entregar os projetos com os quais se comprometeu. O segundo é contratar gente demais, aumentar os custos da empresa e afetar a lucratividade (ou até mesmo zerar esse lucro).

Para esse planejamento acontecer, é fundamental conhecer a jornada do cliente dentro de seu escritório. Você sabe o que é isso? Trata-se de todo o caminho que o cliente percorre desde o momento em que ele descobre seu escritório até o pós-vendas.

Observe:

PROJETO DO CLIENTE DE UM ARQUITETO

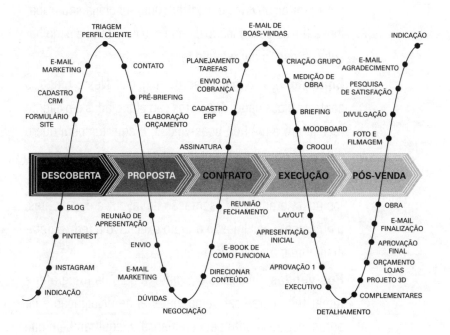

Cada ponto é um contato do cliente com o escritório ao longo da jornada, que tem cinco etapas:

- **Descoberta:** quando o cliente descobre que seu escritório existe. Pode ser por uma indicação, um post nas redes sociais, um texto em um blog. A partir daí, ele mostra interesse em contar com seu serviço. É hora de trazê-lo para mais perto do escritório por meio de um cadastro em um site ou em um CRM (*customer relationship management*, uma plataforma que ajuda a gerenciar as interações do cliente com a empresa). Falaremos mais sobre esse assunto no próximo capítulo.

- **Proposta:** nesse momento o cliente já demonstrou interesse por seu trabalho e a vontade de receber um orçamento. É quando a reunião de briefing é realizada e o orçamento é apresentado. Você precisa estar disponível para tirar as dúvidas e mostrar como funciona seu trabalho, a fim de convencê-lo de que seu escritório é a melhor solução para a dor que ele tem.

- **Contrato:** é a formalização do negócio. Nesta etapa, o contrato é assinado, as tarefas são planejadas e o cliente recebe um e-mail de boas-vindas. É aqui também que o croqui da obra é apresentado ao cliente.

- **Execução:** momento em que o projeto é feito. Incluem-se nesta etapa a apresentação do layout e das plantas, o orçamento das lojas, o projeto executivo e todo o detalhamento e a execução da obra.

- **Pós-vendas:** finalizado o projeto, é hora de fotografar e filmar tudo para usar como material de divulgação e de agradecer ao cliente pela confiança. É aqui também que você aciona a indicação.

Esse é um modelo de jornada do cliente baseado na operação de um escritório de arqdecor. O ideal é que você crie a própria jornada levando em conta a prototipação. Se você tem três produtos na prateleira, por exemplo, crie uma jornada para cada um deles, já que os clientes terão pontos de contato diferentes com o escritório. Se você oferece reformas e obras, a jornada também será diferente. Como é um projeto longo, ela aumentará. Ou você pode dividir e criar duas jornadas. Uma para reformas e outra para obras.

Outra opção é pegar seu produto mais completo, o G, e criar essa jornada. Depois faça uma menor para os demais produtos que oferece. Assim, você terá uma jornada completa e outras menores que tenham principalmente a parte de execução e a entrega. Seja qual for sua opção, o mais importante é entender quais são os melhores *touchpoints* com seu cliente – isto é, os pontos de contato entre ele e sua marca – e colocá-los na jornada.

E por que conhecer esse caminho é tão importante?

Porque é por meio dele que você visualiza o funcionamento de seu escritório, identificando os gargalos na operação, e consegue quantificar sua equipe, definindo se precisa de um, dois ou mais arquitetos no escritório. É assim que você descobre se precisa de estagiários ou uma pessoa para atuar no administrativo, por exemplo.

Com sua jornada em mãos, combine-a com seu processo operacional e a capacidade produtiva de atendimento por mês de seu escritório. Se você sabe que, com a equipe que tem, consegue entregar quatro projetos mensais, por exemplo, não adianta pegar cinco ou seis projetos. Porém, se a ideia é aumentar essa produtividade, aí sim você deve colocar mais pessoas para trabalhar. Por outro lado, se sua capacidade de atendimento é de dez projetos/mês e o escritório está entregando cinco, significa que as tarefas estão insuficientes para a equipe. Você tem mais pessoas para trabalhar do que precisa; em outras palavras, está tendo prejuízo.

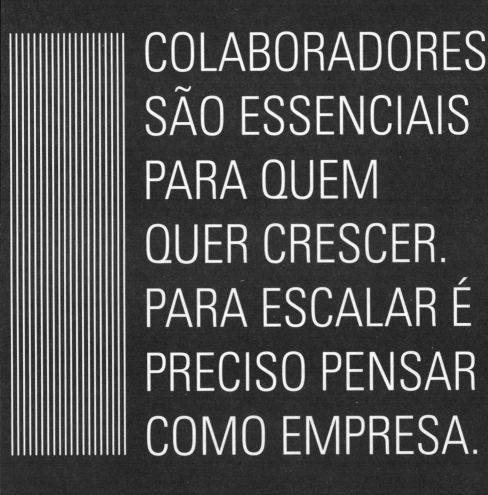

A contratação dos funcionários deve estar alinhada com o aumento da capacidade de atendimento e o planejamento de ferramentas, a fim de que, com um novo colaborador, a empresa possa melhorar seus indicadores sem aumentar os custos na mesma proporção.

Viu como é importante conhecer toda a operação e os números de seu escritório?

EQUIPE DE TRABALHO

Como falamos, atuar sozinho é comum no setor de arqdecor, mas isso não quer dizer que é correto. Trabalhar sozinho pode ser até uma opção logo que você sai da faculdade e abre seu escritório, mas, quando os projetos começam a aparecer, fica complicado controlar todos os processos. Por isso, opte por trabalhar com uma equipe mínima e depois vá aumentando-a, sempre de olho em seu fluxo de caixa e em sua capacidade de atendimento. Nunca pense: *Ah, mas sou um escritório pequeno e só vou fazer a contratação de um profissional, nem preciso olhar essa parte de custos*. Errado! Essa tarefa precisa estar presente em sua operação desde o dia 1 da empresa.

Voltando à contratação, a primeira necessidade que você terá provavelmente será na realização dos projetos, ou seja, uma pessoa que coloque a mão na massa. Para isso, sugerimos a contratação de um estagiário. Essa pessoa ajudará a aumentar a produtividade da empresa, que é sua prioridade.

Posteriormente, sugerimos a contratação de um funcionário para cuidar da parte administrativa. Esse profissional será o responsável por cuidar dos números, das cobranças, dos pagamentos, do envio de e-mails para os clientes, enfim, de toda a burocracia do escritório. Enquanto essa pessoa cuida dessa parte, você terá mais tempo para prospectar mais clientes e também para criar mais.

Portanto, sua equipe básica seria formada por **você + estagiário + administrativo**. Com o aumento da demanda, quantifique a produtividade e aumente sua equipe. Pode ser contratando mais estagiários, ou mesmo arquitetos, ou especialistas em algumas áreas, como uma pessoa de pós-produção, uma especialista em marketing etc. Tudo isso dependerá da jornada do cliente e do processo operacional, mas nunca faça a contratação "a olho" ou por "achismo"; sempre trabalhe com os números da empresa na ponta do lápis.

SÓCIO: SIM OU NÃO?

Além de contratar uma equipe, você pode optar por ter um sócio. Quando você escolhe essa alternativa, deve lembrar-se de colocar esse custo fixo em seu escritório. Afinal, ele também terá pró-labore, horas trabalhadas e não trabalhadas, e assim por diante. Isso aumenta o custo fixo do escritório, embora adicione também mais uma pessoa para trabalhar. Imagine que você tem um escritório com despesas (água, luz, internet, contador, funcionário etc.) de 3.700 reais, mais seu pró-labore de 10 mil reais, totalizando 13.700 reais fixos. Quando há um sócio no jogo, deve-se somar aí mais um pró-labore, no caso, mais 10 mil reais. Assim, o custo fixo vai para 23.700 reais. Isso é ruim? Claro que não, mas você só saberá quando colocar tudo em sua capacidade de atendimento e verificar se sua empresa, tal como ela está, comporta um sócio.

Se você tem os números na ponta do lápis e constata que, no seu caso, a sociedade é realmente vantajosa, alguns fatores precisam ser observados antes de escolher essa pessoa que dividirá a empresa com você.

SÓCIO NÃO É O SALVADOR DA EMPRESA

Alguns empreendedores procuram um sócio na esperança de colocar dinheiro na operação e salvar a empresa. No início da sociedade, é isso realmente o que acontece. No entanto, se a empresa continuar funcionando da maneira antiga, ou seja, misturando as contas, sem fazer o controle de caixa, sem precificar e prototipar, os problemas continuarão a acontecer e tendem a piorar. Afinal, agora há um sócio e o custo fixo aumentará.

SÓCIO NÃO É AMIGO

Talvez você já tenha ouvido a seguinte frase: "Não faça sociedade com amigos, faça amigos na sociedade". A maioria das pessoas tende a ter como sócio aquele amigo da faculdade ou um amigo de infância. Ou convida para a sociedade um parente, como a irmã, o pai ou qualquer outro. Mas escolher sócios por afinidade é um erro. A escolha deve levar em consideração a competência da pessoa e o quanto ela pode agregar ao seu escritório, como explicaremos a seguir.

SÓCIO TEM QUE COMPLEMENTAR A EQUIPE

Pense na sociedade como uma maneira de alavancar sua empresa. Ou seja, tem que ser aquela pessoa que vai cuidar de algo que você não domina ou não tem tempo de fazer por conta da demanda do escritório. Assim, o melhor sócio não é aquele que sabe as mesmas coisas que você, mas que complementa aquilo que você sabe. Seriam duas forças distintas que se ajudariam visando a um mesmo objetivo. Se você é a mente criativa do escritório, por que precisa de outra mente criativa na sociedade? O melhor seria apostar, por exemplo, em uma pessoa da área de gestão, como um administrador. Ou um engenheiro. Ou qualquer outra área que permitisse que vocês tivessem papéis bem definidos na empresa e se complementassem. Quando isso acontece, a sociedade tende a ser um sucesso.

A IMPORTÂNCIA DE SABER LIDERAR

Como viu até aqui, se você decidiu abrir uma empresa ou pensa em fazer isso, precisará ter uma equipe trabalhando. E, para isso, deverá saber liderar pessoas. O que vemos são inúmeros arquitetos e designers de interiores que, presos naquela ideia de que conseguem fazer tudo sozinhos, acabam achando que os outros não sabem fazer o trabalho tal como querem. Esse profissional não delega as tarefas e fica sobrecarregado. Ou procrastina o que tem que fazer.

Mas perceba o erro: a pessoa tende a procrastinar quando não sabe realizar uma atividade ou quando não gosta daquela tarefa. Se você tem uma equipe, pode entregar a um deles essas atividades que você está protelando fazer, o que atrapalha seu fluxo, ou aquilo que você não dá conta.

O MELHOR SÓCIO NÃO É AQUELE QUE SABE AS MESMAS COISAS QUE VOCÊ, MAS QUE COMPLEMENTA AQUILO QUE VOCÊ SABE.

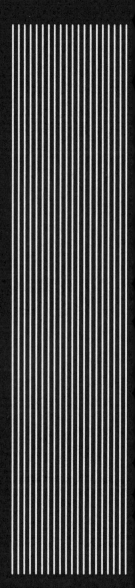

A situação é ainda pior porque o profissional de arqdecor passa essa centralização para os clientes. Como não distribui as funções, os clientes não se sentem seguros para falar com outro profissional que trabalha na equipe e sempre exigem que o "dono" seja seu representante. Ora, mas há uma série de questões que até um estagiário poderia resolver. Agindo dessa maneira, o profissional e dono será sempre o arquiteto (ou o designer de interiores) de um ou dois projetos por mês. Nunca ganhará escala.

Agora responda-nos com sinceridade: a culpa é do colaborador que não sabe realmente trabalhar ou do profissional de arqdecor que não treina a equipe e não delega?

Pois é, ele se esquece de que contribui bastante nesse jogo. Quando se tem uma equipe, sua posição não é mais a de dono da empresa, de pessoa responsável pelo escritório ou de chefe. Ele precisa ser um líder e implementar seu propósito – aquele de que falamos no Capítulo 2 – para que todos entendam a razão de sua empresa existir e a maneira como devem trabalhar.

O líder não é só aquela pessoa que comanda a equipe, mas também a que inspira os colaboradores e os motiva para que cada um consiga multiplicar o próprio potencial criativo. Isso não quer dizer que o colaborador vai impor seu estilo no escritório. O que ele vai fazer é replicar o modelo que aprendeu com você.

Todo escritório de sucesso tem uma identidade própria ou algum traço marcante que remete diretamente ao trabalho do profissional de arqdecor responsável. Pode ser o uso de uma porta x ou y, um ripado no teto, uma mistura de cores ou qualquer outra coisa que faça com que, na primeira olhada, alguém mais atento já reconheça que o trabalho foi feito por determinado profissional. Essa identidade precisa ficar clara para seu time. Quando você ensina seu estilo criativo, sua equipe conseguirá replicá-lo, mantendo o padrão na elaboração dos projetos e multiplicando o potencial criativo. O estagiário, o arquiteto ou o designer de interiores contratados apenas colocarão no papel o que você ensinou. Ou você acha mesmo que aquele designer de móveis famoso projeta uma a uma as suas peças? Ou atende seus clientes um a um? É claro que não! O que ele fez foi criar uma identidade criativa e replicar o processo, mantendo seu nome forte na marca.

Não podemos negar que existe, sim, o risco de o colaborador virar seu concorrente, mas vamos ser sinceros: isso não acontece só no setor de arqdecor. E as empresas não ficam paradas por conta disso. O que elas fazem é criar processos e colocar cada pessoa como responsável por cada um deles, como uma máquina. Ali cada peça tem sua função e seu momento certo de entrar em ação para que o produto final seja feito. Se uma das etapas da produção falha, o efeito é de cascata. Tudo dará errado. Em sua equipe acontece a mesma situação. Todos precisam estar alinhados e executar suas funções perfeitamente para que o projeto seja entregue no prazo correto e seja o mais assertivo possível, evitando refações e fazendo o cliente entender que está falando com uma empresa, e não só com um profissional de arqdecor. Assim, ele não se importará se sua dúvida for respondida pelo João, pela Maria ou pela Fernanda. O que importa é que seu problema será resolvido.

Além disso, existe um fator determinante para uma máquina funcionar: o combustível. Com pessoas, o combustível que as motiva é a cultura da empresa e seu propósito. Você precisa fazer isso correr pelas veias de sua equipe. Assim, ela entregará o melhor e estará a seu lado comemorando cada conquista coletiva.

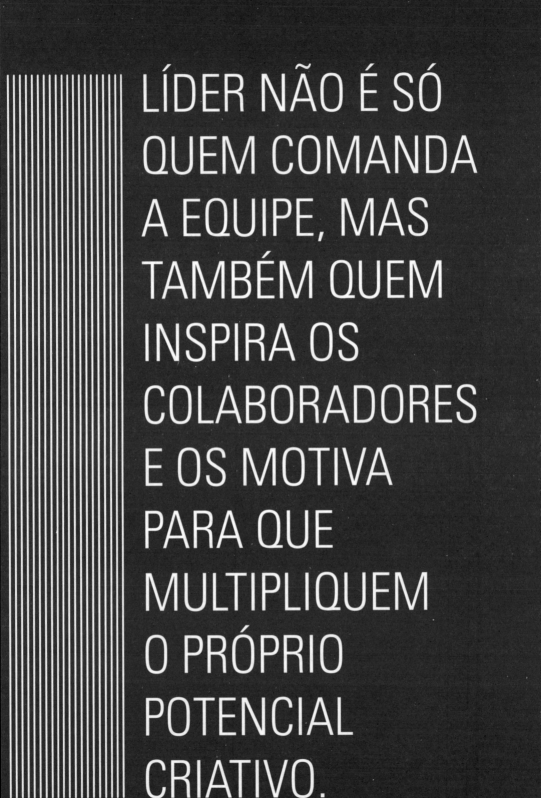

FIT CULTURAL

Uma dificuldade clássica de qualquer empresa é contratar pessoas que estejam alinhadas com o propósito de seu negócio. Muitas contratações não dão certo porque o profissional não se identifica com o que a empresa pensa ou está em busca apenas de uma recompensação financeira. Nesses casos, a pessoa dificilmente fica muito tempo no mesmo lugar.

Imagine precisar contratar novas pessoas por conta de demissões na equipe e treiná-las novamente? Isso representa um custo financeiro para a empresa, um custo de tempo para você e ainda um desajuste na rotina do escritório.

Esse erro pode ser minimizado desde a contratação, que deve acontecer por fit cultural, que é justamente o alinhamento do candidato com o propósito, os valores, a missão e a visão da empresa. Na entrevista de emprego, faça perguntas para entender o que o futuro colaborador pensa sobre seu trabalho, o que ele quer fazer no futuro, como ele pensa o funcionamento de um escritório de arquitetura e outras questões que sejam importantes para sua empresa. Muitas vezes, vale mais contratar alguém que tenha esse fit cultural do que a pessoa que tenha um currículo excepcional, com os melhores cursos ou com a mais elevada experiência. Lembre-se de que o dia a dia fará muita diferença e que você pode ensinar as *hard skills* para um funcionário, mas as *soft skills* não. Isso está dentro de cada um.[22]

---

22 *Hard skills* são as habilidades adquiridas por meio de cursos, seja uma graduação, um curso profissionalizante ou qualquer outra experiência que agregue conhecimento ao seu currículo. Já as *soft skills* são as habilidades sociocomportamentais e que não podem ser mensuradas. (N. E.)

Sabemos que dá trabalho, que gerir uma equipe não é fácil – e muitas vezes exigirá que você saia de seu papel de profissional de arqdecor e assuma o de gestor –, mas é esse grupo de pessoas que permitirá que, aos poucos, você saia da operação e possa se dedicar a outros planos. Seja prospectando novos clientes, criando um processo novo, melhorando sua prateleira de produtos ou até mesmo abrindo mais uma empresa. O que importa é que você terá mais tempo para pensar no crescimento do negócio.

Portanto, contrate pessoas que se conectem com sua verdade, treine-as, delegue funções e faça-as acreditar no propósito de seu negócio. Entender como essas pessoas podem agregar ao seu escritório será uma virada de mesa em sua vida como profissional de arqdecor empreendedor.

Mas a nossa jornada ainda não terminou. Agora que você entendeu como opera a jornada do cliente e o funcionamento do escritório, é preciso melhorar esses processos para que dependam menos da força humana e aumentar ainda mais seu alcance. É hora de automatizar processos. Encontramos com você no próximo capítulo.

Para saber mais sobre o assunto, acesse:

https://livroarquitetoempreendedor.com.br/processos

capítulo 8

PASSO 5 – PLATAFORMAS: FERRAMENTAS PARA OTIMIZAR PROCESSOS

Imagine sua vida sem os sistemas automatizados. Consegue? Desde o simples controle remoto, que permite mudar de canais sem ter que se levantar do sofá, passando pelo *internet banking,* que acabou com aquelas idas diárias até uma agência bancária, os aplicativos de celular, que agilizam uma série de coisas do dia a dia, até a tão comentada Alexa,[23] que acende luzes, toca música, avisa se um eletrodoméstico está com defeito, pesquisa na internet, conversa com você e tantas outras funções ao simples comando de voz.

Hoje é bem difícil imaginar a vida sem, pelo menos, um desses apetrechos. Se em sua vida eles são tão necessários, agora tente mensurar os benefícios deles na vida do empreendedor. Foi-se o tempo em que era preciso ter o caderninho para anotar todo o fluxo de caixa e uma calculadora para somar valor por valor no fim do mês. Ou ter

---

[23] Alexa é a assistente virtual desenvolvida pela Amazon e que funciona por meio de inteligência artificial. (N. E.)

outro caderno para anotar nome, endereço e telefone dos clientes e ligar um por um para avisar de uma promoção ou, simplesmente, para fazer relacionamento. Também não existe mais a mínima necessidade de ir a uma agência dos Correios para mandar uma carta de agradecimento ao cliente. E a assinatura de contratos? Nem isso exige mais papel e caneta. Já é possível fazer tudo digitalmente. Um clique e o contrato está assinado e enviado, automaticamente, para todos os envolvidos.

Pensando especificamente no setor de arquitetura, decoração e construção, o tempo em que o profissional projetava tudo no papel, com lápis, borracha e régua, ficou para trás. Embora na faculdade ainda se aprenda a fazer todos os cálculos e traços de maneira manual, pouco se usa esse conhecimento no dia a dia. Afinal, não há por que perder horas em uma bancada se um software pode fazer o mesmo trabalho em pouco mais da metade do tempo. Sabemos que tempo é dinheiro. E, nesse caso, mais dinheiro em seu bolso.

Só o fato de aumentar a produtividade já é motivo suficiente para começar a usar os sistemas automatizados. Mas, ao implementá-los, você ainda consegue ter maior controle administrativo e financeiro sobre a operação e, para você que está seguindo o nosso método, as ferramentas permitem a conexão entre todos os passos anteriores que apresentamos.

Os mais conservadores dirão: "Mas eu sou criativo, não posso automatizar o meu processo". Veja bem: você não vai deixar de sê-lo. A criatividade é a base de seu trabalho como arquiteto e designer de interiores. Seu potencial criativo e sua identidade visual continuarão em cada projeto, mas ele será elaborado com mais rapidez. Além disso, ao utilizar as ferramentas certas para gerir seu escritório, você dá mais um passo para ser reconhecido como uma empresa – e não apenas um escritório de um profissional de arqdecor – rumo à sua jornada de sucesso.

FERRAMENTAS CORRETAS PARA CADA SITUAÇÃO

Embora o uso de ferramentas já seja comum na hora de elaborar projetos, há várias outras que devem ser usadas em sua empresa para otimizar o trabalho. É preciso pensar também naquelas que serão usadas pelas demais equipes, como o administrativo e o marketing. Lembre-se de que você precisa pensar em seu escritório como uma máquina e que, para isso, todas as peças precisam trabalhar juntas e de maneira ordenada. Portanto, de que vai adiantar investir em um software que cria um projeto super-realista para mostrar para o cliente se você não tem um CRM, por exemplo, para otimizar o relacionamento com o cliente ou se, na hora de assinar o contrato, você ainda exige que ele se desloque até seu escritório porque não usa assinatura digital?

Pensando no método 7 Ps do profissional de arqdecor empreendedor, não vai adiantar encontrar sua persona se você não mantiver um cadastro ativo de clientes ou não fizer a captação adequada. Ou contratar pessoas para compor sua equipe se vai precisar conferir hora a hora o que cada um estiver fazendo para que os projetos sejam entregues dentro do prazo estipulado para o cliente. Assim como usará ferramentas que agilizam a parte de desenho, você precisará utilizar outras para conectar todas as demais áreas de seu negócio.

As ferramentas que você empregará estão divididas em quatro tipos.

ADMINISTRATIVAS

São aquelas ferramentas usadas para automatizar os processos burocráticos e agilizar a gestão. Entre elas estão sistemas de gestão, cadastro de clientes ativos, contas a pagar e receber, emissão de boletos, emissão e assinatura de contratos, gerenciamento de benefícios dos funcionários e sistema integrado com a contabilidade.

Esses são alguns exemplos dos muitos sistemas que podem ser usados. Claro que eles precisam ser alimentados com dados para que funcionem perfeitamente. Mas, uma vez feito isso, você não precisará fazer de novo. Aí é só usar os recursos que cada um oferece.

COMERCIAIS

São os sistemas que ajudam a estruturar o fluxo de contato com o cliente desde o momento em que ele ainda é um *lead* (potencial cliente) até quando ele se interessa pelo serviço oferecido, pede um orçamento e celebra o contrato com seu escritório. São eles:

- **CRM:** em inglês, *customer relationship management*, ou gestão de relacionamento com o cliente. Trata-se de uma plataforma que gerencia as interações com o cliente em todos aqueles *touchpoints* da jornada que falamos no capítulo anterior. Ela captura e organiza os dados dos clientes, faz o acompanhamento de *leads*, ajuda a criar campanhas de captação de clientes ponta a ponta, além de gerenciar as oportunidades de vendas e otimizar a rentabilidade do escritório. Se o escritório trabalha muito com indicação, o CRM ainda pode organizar o fluxo de quem indica e quem é indicado.

- **Google Analytics:** é o serviço do Google de monitoramento de marketing digital. Pela plataforma é possível coletar dados de acesso e comportamento do usuário em seu site ou aplicativo e organizar essas informações em relatórios para posterior análise de tráfego.

GERENCIAIS

Esses sistemas gerenciam o fluxo de trabalho do escritório e as funções de cada pessoa da equipe, além do prazo para execução de cada tarefa. Como é um sistema on-line, permite acompanhamento à distância. Em arquitetura e design de interiores, você pode criar uma página para cada projeto com todas as fases de execução, as datas de entrega e os responsáveis por cada fase. Assim, a equipe toda acompanha em tempo real o andamento do projeto e, ao surgir uma falha, ela é facilmente detectada.

Outra vantagem é usar esses sistemas para que o cliente acompanhe as fases de uma obra. Você alimenta o cronograma com prazos, fotos e relatórios e o cliente sabe exatamente o que está acontecendo. É uma segurança para quem contratou seu escritório e também aumenta aquela sensação de empresa, já que o cliente saberá quem são os responsáveis por cada fase da obra e entenderá que o profissional de arqdecor é só uma parte da equipe, e não o único responsável por toda a obra.

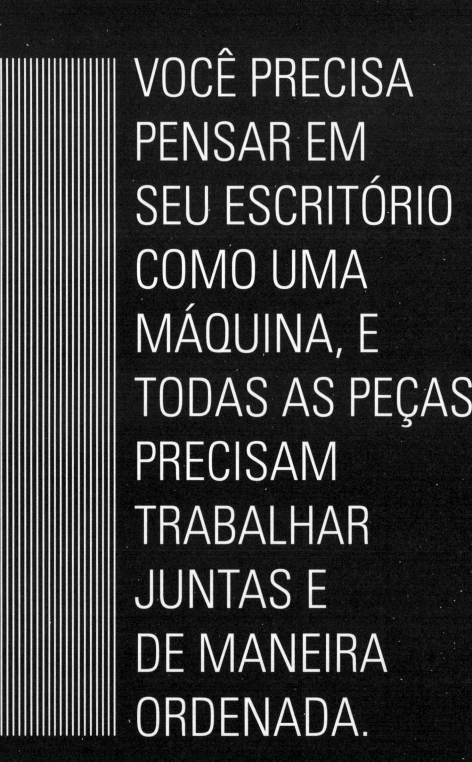

São exemplos de plataformas gerenciais: Trello, Monday e Asana.

DESENHO

Como já falamos, não faz mais sentido projetar usando papel, régua e lápis. Existem várias ferramentas conhecidas no mercado que oferecem resultados rápidos e são muito efetivas. Além disso, o cliente que procura um escritório de arqdecor necessita de um material de boa qualidade para que consiga visualizar o resultado final do projeto. E as ferramentas entregam essa funcionalidade, tornando-se, inclusive, um poderoso material de venda. Você antecipa o resultado e encanta o cliente que, satisfeito, compra o projeto.

As ferramentas de desenho podem ser divididas em três tipos:

- **Ferramentas de projetos:** é o ponto de partida de qualquer projeto. Um exemplo de software de projeto é o AutoCAD, que permite a construção de modelos em 2D e em 3D. Já existem sistemas mais sofisticados, mas ainda é necessário saber usá-lo porque você vai se deparar com alguns clientes, como prefeituras e empresas, que pedem projetos com o formato de arquivo DWG, que é gerado por esse software. Ainda em desenhos, existem os softwares baseados em BIM,[24] que permitem a criação de modelos de construção inteligentes que produzem a documentação completa de uma obra. A principal diferença deste para o AutoCAD é que o

---

24 BIM significa *building information modeling* (em português, modelagem da informação da construção) e é uma tecnologia de construção usada em diferentes softwares. (N. E.)

último é um software geral que trabalha apenas com linhas. Já os softwares em BIM oferecem opções de modelagens a partir de detalhes construtivos que são inseridos no projeto, como paredes, portas, contrapiso, lajes, entre outros, todos com medidas dentro dos parâmetros designados no projeto. Funciona como um jogo de montar blocos em que todos os detalhes ficam em uma estante virtual e o profissional vai encaixando cada um deles no projeto. Além disso, permite que dois profissionais trabalhem simultaneamente no mesmo projeto de maneira colaborativa.

Na finalização, os projetos viram uma espécie de maquete virtual com todos os documentos da obra compilados em um único desenho. Isso ocasiona maior agilidade, já que não é preciso fazer vários desenhos para detalhar o mesmo projeto.

Apesar de diferentes, AutoCAD e softwares em BIM não se excluem. Ambos são usados pelas empresas e, às vezes, até no mesmo projeto. Daí a importância de saber operar os dois. Os softwares em BIM mais conhecidos são o Revit e o ArchiCAD.

- **Ferramentas de 3D:** são softwares que produzem como produto final um projeto em 3D. Entre suas funções está a possibilidade de levantar estruturas ou dar acabamento nos projetos feitos em BIM. Dessa maneira, gera um projeto de alta qualidade visual, como se fosse uma maquete digital, usado como material de venda para o escritório. Entre os mais conhecidos estão SketchUp, 3ds Max, Blender e Maya. Usados em conjunto com os softwares em BIM, geram um produto de alta qualidade usado até como material de venda, pois chama a atenção dos *leads* e dos clientes.

- **Ferramentas de renderização:** renderizar é gerar o produto final de seu projeto. Aquele projeto que foi criado no software em BIM e no 3D ganha detalhes bem realistas, como sombras e luzes que fazem com que pareça uma imagem real ou uma fotografia. Isso causa enorme impacto emocional no cliente, pois ele entende exatamente como será o produto final, seja uma reforma ou uma obra, e ainda permite que o retrabalho seja menor. Os *renders* mais conhecidos são V-Ray, Corona Renderer e Lumion.

Claro que você não precisa saber operar todas essas ferramentas, mas tem que saber o mínimo delas até mesmo para conseguir delegar essas tarefas. Em sua equipe, há outras pessoas que podem fazer isso. O que você precisa é entender como elas podem ser usadas, qual é a real necessidade de cada uma e, principalmente, saber quanto tempo será poupado usando as ferramentas certas.

QUAIS FERRAMENTAS ESCOLHER?

Essa é uma pergunta difícil de responder. Não existe ferramenta ideal para automatizar um processo, mas, sim, a dor que você, como profissional de arqdecor e empreendedor, sente dentro de seu processo e a necessidade encontrar uma maneira de melhorar seu dia a dia. Por isso, essa decisão é individual.

A dica é automatizar seus processos aos poucos, testando até encontrar as ferramentas que atendam às suas necessidades. Pense como aquela pessoa que começa a frequentar uma academia. No começo, ela pode malhar muito, fazer tudo certinho, mas o resultado não surge de imediato. Somente depois de um tempo é que os músculos começam a aparecer. Na automatização, é o mesmo. No começo, parece que essas ferramentas não trarão tanto resultado, mas, aos poucos, você percebe a otimização do tempo e ainda a satisfação do cliente em ver seu projeto lindo na tela do computador antes do início da obra ou da reforma.

Assim como você testa se as ferramentas de desenho são adequadas ao processo criativo, também precisa verificar se as ferramentas comerciais e administrativas são adequadas para sua empresa. Sugerimos que volte ao capítulo anterior e procure respostas para esta questão: as ferramentas estão de acordo com os *touchpoints* do capítulo anterior? Se sentir que falta – ou sobra – alguma ferramenta, faça as substituições necessárias e teste por mais três meses. Faça esses ajustes até que consiga deixar sua operação redonda.

Tudo isso que falamos tem um investimento inicial alto. É que as licenças precisam ser compradas e, a cada ano, atualizadas. Mas como saber se seu escritório está pronto para mais esse investimento? Primeiro, adicione tudo isso a seu processo operacional como você já aprendeu a fazer nos capítulos anteriores e, depois, faça seu planejamento estratégico, assunto que abordaremos no próximo capítulo. Vamos juntos?

Para saber mais sobre o assunto, acesse:

https://livroarquitetoempreendedor.com.br/plataformas

capítulo 9

PASSO 6 – PLANEJAMENTO FINANCEIRO E ESTRATÉGICO

Se tem algo que todo empreendedor precisa fazer é se antecipar aos problemas. É olhar para o amanhã e prever o que pode acontecer, tendo já na manga uma solução para esse contratempo. Isso também se refere ao futuro da empresa. Quem está no comando precisa pensar estrategicamente no curto, médio e longo prazo. Chamamos isso de planejamento. O planejamento envolve sonhar o futuro e tangibilizar essas mudanças no presente.[25] Acredite: não existe empresa que saia do ponto A e vá para o B sem um planejamento. Ela pode ter muitos clientes, faturamento alto, mas, se não tiver um planejamento, não conseguirá cumprir metas e profissionalizar a operação.

Planejar-se não vale somente para as grandes empresas, mas também para as pequenas e médias. No entanto, apenas 10% das empresas de médio porte no Brasil têm

---

25 PLANEJAMENTO estratégico para scale-ups. **Endeavor**, [S.d.]. Disponível em: https://endeavor.org.br/estrategia-e-gestao/planejamento-estrategico-o-que-voce-precisa-saber-antes-de-comecar/. Acesso em: 3 dez. 2021.

estratégias definidas para os próximos cinco anos, conforme detalhou uma pesquisa realizada em 2020.[26] O número não é muito diferente do que constatamos no nosso levantamento entre arquitetos e designers de interiores. Apenas 8% deles responderam que têm um plano para os próximos três anos.

O problema é o imediatismo. O gestor olha o caixa de hoje e se planeja para os próximos seis meses, no máximo, acreditando ser o suficiente. Ele pode até sobreviver, mas com certeza está perdendo oportunidades de crescer e de dar longevidade à empresa. E mais: não está preparado para uma situação inesperada, como a própria pandemia de covid-19, que nem o melhor planejamento estratégico do mundo poderia prever. Mas a diferença é que a empresa que já estava organizada para os próximos anos conseguiu mudar a rota muito rápido e seguir em frente, enquanto aquelas que não tinham um planejamento pelo menos a médio prazo foram as que mais sofreram.

Para ser eficiente, o planejamento é dividido em duas partes – estratégico e financeiro – e deve responder a três questões principais.

- O que eu quero?
- O que eu posso?
- Como vou fazer isso?

A primeira pergunta tem a ver com seus desejos e sonhos. Então imagine-se daqui a dez anos. O que você

---

26. SANTANA, Pablo. Apenas 10% das médias empresas no Brasil têm planejamento de longo prazo, revela pesquisa. **InfoMoney**, 5 set. 2020. Disponível em: https://www.infomoney.com.br/negocios/apenas-10-das-medias-empresas-no-brasil-tem-planejamento-de-longo-prazo-revela-pesquisa/. Acesso em: 3 dez. 2021.

quer estar fazendo? Pode ser que seu desejo seja parar de trabalhar e viver na praia. Ou pode ser sair da operação. Ou ter dois escritórios. Ou ter um escritório de arquitetura e uma loja de decoração, enfim, pense lá na frente e defina o que quer fazer.

A segunda pergunta é o que, dentro do que deseja, você realmente pode fazer. É importante trazer essa realidade para dentro de sua empresa hoje, principalmente se você tem um sócio. É que, nesse caso, é preciso um alinhamento de expectativas. Você pode querer vender a empresa daqui a dez anos, mas ele pode querer abrir filiais. Essa realidade deve ser traduzida na estratégia da empresa.

A terceira pergunta é a definição do caminho que você terá que seguir para chegar ao que você quer fazer. Ou seja, você pode até querer viver para o resto da vida em uma mansão localizada em uma ilha onde o acesso só é possível por lancha (bom, não é?), mas quanto isso vai custar? Quanto você terá que trabalhar nos próximos dez anos para conseguir realizar esse sonho?

O ideal é que você defina essas metas para dez anos. Com base nisso, pense em que ponto precisará estar em cinco anos para alcançar esse objetivo. Depois, faça o mesmo reduzindo o tempo para dois anos. Assim, você saberá de tempos em tempos se suas ações o estão levando para onde deseja estar em uma década.

SUAS METAS

Definidas as metas, o próximo passo é saber se são reais e mensurá-las para verificar se realmente podem acontecer. Para isso, aconselhamos o uso da metodologia SMART, em que você consegue definir de maneira eficiente o que deseja alcançar, com planejamento e prazo para ser cumprido. Ela surgiu em 1981, quando o consultor George T. Doran publicou o artigo *There's a S.M.A.R.T. way to write management's goals and objectives*, em que propunha uma metodologia simples para facilitar o dia a dia dos gestores da época.[27] Apesar de ter sido criada há mais de três décadas, ela é utilizada, com sucesso, até os dias atuais.

A SMART é baseada em cinco fatores: S (*specific* ou específico), M (*measurable* ou mensurável), A (*achievable* ou alcançável), R (*relevant* ou relevante) e T (*time-based* ou temporal).[28] Em que:

S – *SPECIFIC* (ESPECÍFICO)

É a definição de seu objetivo de maneira específica e direta. Isso é importante para que todas as pessoas da empresa tenham clareza do que deve ser alcançado.

M – *MEASURABLE* (MENSURÁVEL)

Refere-se aos números que guiam sua meta. Aquilo que você pode medir, que é tangível. Dessa maneira, você tem como saber ao longo desse período se vai conseguir alcançá-la ou não.

---

27 OBJETIVOS SMART: o que são e como utilizá-los no seu departamento de marketing. **Rock Content**, 27 maio 2015. Disponível em: https://rockcontent.com/br/blog/objetivos-smart/. Acesso em: 17 jan. 2022.

28 COLOMBO, Filipe. op. cit.

TODO EMPREENDEDOR PRECISA SE ANTECIPAR AOS PROBLEMAS E PREVER O QUE PODE ACONTECER, TENDO JÁ NA MANGA UMA SOLUÇÃO PARA ESSE CONTRATEMPO.

A – *ACHIEVABLE* (ALCANÇÁVEL)

Aquilo que pode ser alcançado. Não adianta determinar uma meta que é impossível de ser alcançada nas condições que sua empresa se encontra, assim como não adianta colocar metas fáceis demais, pois estas exigirão pouco esforço para serem atingidas. Elas precisam estar em uma realidade possível.

R – *RELEVANT* (RELEVANTE)

O quanto aquela meta é relevante para você e para a empresa, ou seja, o quanto ela pode agregar ao resultado do negócio.

T – *TIME-BASED* (TEMPORAL)

Refere-se ao prazo em que seu objetivo deve ser cumprido, dentro de um cronograma realista.

Portanto, dentro da metodologia SMART, a meta que poderia ser, por exemplo, "ter mais clientes" se torna "conquistar três novos clientes por mês para aumentar o faturamento em 20% no ano de 2021".

GESTÃO DAS METAS

Com suas metas bem definidas, chegou o momento de desmembrá-las para que sejam executadas. Isto é, você estabeleceu seu conjunto de metas e agora vai definir como colocá-las em ação. Há uma ferramenta que o ajudará nesta etapa. É a OKR, que significa *objectives and key results* ou objetivos e resultados-chave. Entende-se por objetivo o resultado que a empresa precisa alcançar e resultados-chave (ou indicador-chave) a combinação entre um valor base, que é atual, para um valor alvo, que é a meta a ser atingida. Simplificando: o resultado deve provar que o objetivo foi alcançado. O conceito original de OKR foi introduzido na década de 1990 pela Intel e se espalhou para outras empresas do Vale do Silício.[29]

A OKR é importante porque agrega mais coerência às ações que serão tomadas pela empresa visando ao crescimento e, para as pessoas, mais transparência do processo. Sabendo como o processo ocorre, a tendência é que haja um aumento na produtividade, já que a equipe estará motivada a chegar ao objetivo proposto.

COMO MONTAR UMA OKR

Defina de três a cinco objetivos para sua empresa, levando em consideração os resultados que o negócio quer atingir, as metas que você imaginou e o período para a execução dessa OKR (pode ser um ano ou dois). Além disso, determine os subobjetivos, que são as tarefas que devem ser executadas por diferentes departamentos da empresa para chegar à meta principal. Por exemplo: aumentar o faturamento seria o objetivo principal. Já o subobjetivo poderia ser que o departamento de marketing deveria aumentar a taxa de conversão do site a fim de contribuir para o objetivo principal. Você pode usar quantos subobjetivos forem necessários, o importante é que sejam reais. Com essas informações, faça o seguinte:

---

29 O GUIA do iniciante OKR. **Filipe Castro**, [S.d.]. Disponível em: https://felipecastro.com/pt-br/okr/o-que-e-okr/. Acesso em: 17 jan. 2022.

OBJETIVO E KEY RESULTS:

"Nós vamos_____, } Objetivo
e vamos saber se fomos bem-sucedidos
se atingirmos_____,   } Indicador-chave
_____,_____,_____,
_____,_____.

COMO DESDOBRAR:

"Para_____,   } Objetivo-geral
teremos que_____,_____,_____, } Subobjetivos
_____,_____.

E para cada um dos novos subobjetivos deverão ser criados mais indicadores-chave.

Em um exemplo prático, a OKR ficaria da seguinte maneira:

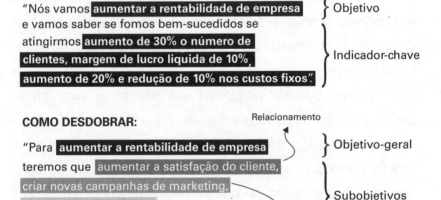

Veja que a empresa definiu seus objetivos e nomeou cada departamento que será responsável por isso. No exemplo, o objetivo central é aumentar a rentabilidade da empresa. Para isso, foram definidos quatro subobjetivos e a equipe que ficará responsável por cada um deles. Assim, o marketing cuidará das novas campanhas; o financeiro reduzirá a inadimplência; o desenvolvimento aumentará o engajamento dos clientes; e o relacionamento aumentará a satisfação do cliente.

Caberá a cada equipe definir como chegará ao objetivo proposto. Perceba que na OKR você vai desmembrando o objetivo para que ele seja alcançado por toda a empresa. Primeiro, o time executivo define a OKR, que será desmembrada para os gestores e, depois, para as pessoas dos departamentos.

O ideal é que a cada três meses a OKR seja revista para saber se o rumo tomado está correto ou se são necessárias outras ações. Para isso, atribuímos notas a cada objetivo traçado, indo de 0, quando não há progresso, até 1, quando o progresso é extraordinário, ou seja, vai muito além do que você tinha planejado. Essa nota superior existe porque uma empresa precisa ter um alvo muito superior ao que ela quer, algo intangível. Normalmente, uma meta que bate 70% já é considerada alcançada. Então, se as ações implementadas chegam a 100%, o resultado é, realmente, extraordinário. Veja:

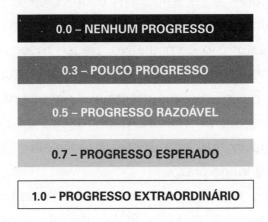

Em um escritório de arqdecor, você talvez não tenha toda essa hierarquia – executivos, gestores, coordenadores – para trabalhar seus objetivos. Isso não o impede de usar essa metodologia. O que você tem que fazer é desmembrar a OKR e distribuir entre sua equipe.

AVALIANDO OS CENÁRIOS

Até aqui, você já colocou em seu planejamento estratégico suas metas e definiu suas OKRs. O próximo passo é analisar os possíveis cenários que podem interferir – positiva ou negativamente – na execução desses objetivos. Para isso, leve em consideração o cenário econômico atual.

Por exemplo: se o mercado de construção civil estiver em alta, você sabe que entre três e cinco anos haverá um aumento expressivo de imóveis para reformar e decorar, então você precisa se preparar para aproveitar esse momento. Também olhe para seus concorrentes e considere como você pode se sobressair no que faz. Afinal, no setor de arqdecor não existe diferencial competitivo, pois o produto que todos entregam é um projeto, não é um produto exclusivo que ninguém mais tem. O diferencial que há nesse setor é o comparativo. Desse modo, um profissional é comparado com outro e avalia-se o que cada um oferece. É igualmente importante perceber se há uma crise no fornecimento de matéria-prima, a fim de se preparar para o impacto que isso poderá trazer para sua operação em médio e longo prazo.

A melhor maneira de avaliar cenários é usando a técnica que chamaremos aqui de FOFA (forças, oportunidades, fraquezas, ameaças). Também conhecida como matriz SWOT, é uma ferramenta que ajuda a identificar os pontos fortes e fracos de sua empresa (os fatores internos) para chegar aos objetivos, levando em conta a força exercida pelos fatores externos (oportunidades e ameaças).

Como funciona: em uma folha de papel, coloque na mesma linha as forças de sua empresa e, ao lado, as fraquezas. Esses dois fatores estão ligando diretamente sua empresa e tudo o que influencia o dia a dia de trabalho. Na linha abaixo, coloque as oportunidades e as ameaças, olhando diretamente para o mercado em que atua.

Veja um exemplo do FOFA pensando no setor de arqdecor:

Depois que você completar o quadro, cruze as informações. Forças com oportunidades (como vou tirar o melhor proveito das oportunidades com as forças que tenho?) e fraquezas com ameaças (como vou fazer para que meus pontos fracos não me enfraqueçam diante das ameaças?).

 QUEM ESTÁ
NO COMANDO
PRECISA PENSAR
ESTRATEGICAMENTE
NO CURTO, MÉDIO
E LONGO PRAZO.

Com base nisso, você consegue criar uma estratégia para aproveitar o cenário econômico. Pode ser criar um modelo de negócio mais barato, outro produto de entrada ou uma ação de marketing diferenciada. Enfim, analise sua situação e crie uma estratégia.

PLANEJAMENTO FINANCEIRO

Com a parte estratégica planejada, está na hora de criar sua planilha com o planejamento financeiro, que nada mais é do que traduzir em dinheiro tudo aquilo que criou de maneira estratégica.

Você vai precisar conhecer seus objetivos (por isso existe uma ordem para fazer o planejamento; não dá para fazer a parte financeira e deixar as demais de lado) e os números de seu negócio do ano anterior e do atual.

Vamos recorrer mais uma vez ao nosso escritório fictício João Chaves Arquitetura e Interiores que, em sua OKR, definiu como principal objetivo aumentar o faturamento da empresa. Sua meta é alcançar 500 mil reais ao ano.

Sabendo-se que ele vende projetos G ao valor de R$ 9.233,33, dividimos o faturamento desejado pelo preço de venda para saber quantos projetos o escritório terá que fazer no ano para alcançar a meta desejada.

Vamos ver:

R$ 500.000 / R$ 9.233,33 = 54 projetos ao ano, o que equivale a 4,5 projetos mensais.

Você pode fazer o mesmo com os projetos M e P ou usar uma combinação. Observando o movimento do ano anterior, veja quantos projetos vendeu de cada tipo e crie uma combinação para chegar ao planejamento adequado.

Voltando ao exemplo: para saber se a meta da empresa é real ou se precisará mexer na operação para alcançá-la, é preciso verificar a prototipação e a capacidade de atendimento do escritório João Chaves. Já sabemos que ele consegue entregar quatro projetos por mês. Portanto, com a empresa funcionando como é hoje, o João Chaves não conseguiria atingir a meta estipulada.

Se isso acontecer com você, há algumas saídas. Uma delas é ajustar a meta. A outra é voltar à prototipação e ajustar sua prateleira de produtos; ou à precificação, diminuindo o pró-labore, por exemplo, ou a margem de lucro. Outra saída é mexer em sua capacidade de atendimento, contratando mais profissionais para trabalhar no escritório. Mas lembre-se de que isso envolve aumento de custos. E, mexendo nos custos, isso influenciará o preço de venda de seus produtos. Você pode também continuar com a equipe que tem e deixar para contratar um estagiário só em outubro, por exemplo, que é quando pode acontecer um gargalo na operação. Mas leve em consideração que um novo colaborador demora de dois a três meses para se apropriar do trabalho e estar 100% alinhado com o escritório. Tudo funciona em cadeia e é preciso calcular tudo na ponta do lápis para saber qual é a melhor opção.

Se a conta, porém, tivesse revelado que sua capacidade de atendimento estava dentro da meta, ótimo. O escritório saberia que teria a margem de lucro esperada com o aumento do faturamento.

Esse planejamento deve ser feito sempre no ano anterior para ser aplicado no primeiro mês do ano seguinte.

O ideal é começar a trabalhá-lo em setembro ou outubro para que fique pronto em novembro e comece a ser aplicado em janeiro.

Na primeira vez que for fazer o planejamento, também inclua o valor de três a seis meses de despesas para ficar guardado para emergências, como uma pandemia, ou caso a empresa perca o fôlego ao longo do ano e não consiga fechar novos projetos. Então, se as despesas mensais são de 30 mil reais, sugerimos guardar entre 90 mil e 180 mil reais. Para provisionar essa quantia, você precisa analisar essa planilha que está montando e olhar qual é o valor acumulado até o fim do período analisado. Dessa maneira, você consegue saber qual é o saldo do ano e, assim, decidir quanto será reinvestido no negócio, quanto vai tirar para si mesmo e quanto vai deixar de caixa para suprir essas necessidades da empresa.

Você não vai guardar dinheiro, mas, sim, criar uma estratégia financeira para ter uma empresa sustentável. Então, no primeiro ano, não pense em tirar o lucro da empresa para você. Planeje-se para viver apenas de seu pró-labore e guarde o restante até atingir o valor necessário.

Com o planejamento estratégico e financeiro prontos, você será capaz de responder a uma pergunta importante: conseguirei sair da operação sem que a empresa dependa de mim?

A resposta é simples: sim, quando a situação financeira da empresa estiver saudável e não precisar mais correr atrás do dinheiro mês a mês. Daí a importância de se planejar com antecedência.

Chegamos ao fim de mais um capítulo. Você já sabe quanto faturar e como planejar o futuro, agora é a vez de vender. Como assim? Calma, não é a venda da empresa para alguém, mas vender seus produtos para as pessoas certas, utilizando estratégias de promoção e de negociação. Vamos lá?

Para saber mais sobre o assunto, acesse:

https://livroarquitetoempreendedor.com.br/planejamento

capítulo 10

PASSO 7 – PROMOÇÃO: O MARKETING PARA SUA EMPRESA CRESCER

Quando decidimos escrever este livro, nossa ideia era oferecer ao profissional do setor de arquitetura e decoração uma jornada completa para que ele, definitivamente, posicionasse seu escritório no mercado de uma maneira diferente. A ideia era que ele deixasse de ser conhecido apenas como o escritório de arqdecor de uma pessoa para ser reconhecido como uma empresa de marca forte no mercado. Para isso, foi preciso organizar a casa e começamos praticamente do zero. Primeiro, organizamos seus produtos, estabelecemos o preço a ser cobrado por cada um deles, identificamos o melhor cliente para seu negócio, salientamos a importância de ter uma equipe forte e alinhada para construir juntos o alicerce de seu negócio e como o planejamento financeiro impactaria tudo isso.

Com a casa organizada, está na hora de colocar em jogo sua maior alavanca de crescimento: o marketing. E por que falaremos disso apenas agora, no último passo da jornada do profissional de arqdecor empreendedor? Porque de nada adiantaria promover e aumentar as vendas se seu escritório não estivesse pronto para tal demanda. Assim como não adiantaria promover seu trabalho se você não tivesse produtos organizados para oferecer aos clientes. E mais: sem saber seu cliente ideal, sua persona, você não conseguiria sequer encaminhar seu marketing para as pessoas corretas. De duas, uma: ou atrairia clientes que não são o perfil de seu negócio, ou não atrairia cliente algum.

Pense em uma cebola. O marketing é a camada que a recobre, ou seja, a última. As demais etapas do método são as camadas internas. Se, internamente, uma das camadas da cebola não está boa, ela contamina o resto, mesmo que a última esteja intacta. Então não adianta o arquiteto e o designer de interiores acharem que vão resolver seus problemas mexendo só no marketing. Primeiro, é preciso olhar para as camadas internas.

Aliás, essa falta de entendimento do processo como um todo é o que muitas vezes faz com que as campanhas de marketing não rendam resultados positivos. Você já deve ter passado – ou conhece alguém que passou – por isto: criou um perfil nas redes sociais, como o Instagram, publicou uma foto (ou um vídeo) de "antes e depois", mas que teve pouquíssimas curtidas. O marketing deu errado? Claro que não. O que acontece é que promover um produto é muito mais do que publicar um post no Instagram. É algo que depende de uma série de ações que fazem com que seu produto seja conhecido pelo público certo e, mais, que seja comprado pelo público. Afinal, marketing não é só publicidade, mas, sim, vendas.

Uma das grandes dores do profissional de arqdecor é não conseguir promover seu produto. Ele acha que prospectar clientes ou fazer propaganda é ser vendedor e que pode passar a impressão para o mercado de que seu escritório não vai bem. Vamos combinar algo desde já? Se você pensa assim, feche este livro e esqueça tudo o que fez até agora. Ser empreendedor é gerir e vender. E se você não acredita nessa última parte, tudo o que fez vai por água abaixo.

Mas, se quer mudar a direção de seu negócio, continue por aqui. Encare o projeto que você elabora como um produto que deve ser vendido. Não dá para ficar esperando o cliente chegar até você: o profissional de arqdecor precisa ir atrás do cliente. Não é feio, não é errado. Afinal, de que adianta percorrer todo o caminho que apresentamos, desde a prototipação, passando pela precificação, personas, processos, plataformas até o planejamento estratégico, se não consegue vender o produto resultante de todo esse trabalho?

Antes de começar, vamos deixar algumas definições bem claras. Promover significa tornar sua marca ou seu produto conhecido para quem interessa. Já fazer marketing significa vender seu produto. Embora muitas pessoas olhem para o marketing como um departamento de divulgação ou de criação, o que ele faz é criar estratégias para vender um produto. Daí vem o casamento perfeito: promoção + marketing = vendas cada vez maiores.

JORNADA DO CONSUMIDOR NO MARKETING

Uma venda não é algo que acontece de uma hora para outra. Todo cliente precisa ser conquistado aos poucos, ou seja, existem etapas que ele percorre até pagar efetivamente por seu produto. A isso chamamos de jornada do consumidor. No Capítulo 7 você conheceu um modelo completo de jornada do cliente de um escritório de arquitetura com todos os *touchpoints* dessa caminhada. Conhecê-los é fundamental para trabalhar cada um deles de maneira que o cliente continue no caminho e não vá para o concorrente. Trazendo aquela jornada para o marketing, ela pode ser dividida em cinco etapas:

- **Aprendizado e descoberta:** é quando o cliente ainda não tem a consciência de ter um problema ou uma necessidade, mas navega na internet e se depara com um post mostrando um projeto de reforma e se interessa por aquela solução apresentada. É o momento de atrair o público com conteúdos relevantes, como antes e depois de projetos, soluções inteligentes para espaços pequenos ou uma decoração diferente. O importante é chamar a atenção dessa pessoa para sua marca. O Instagram e vídeos no YouTube funcionam bem nesta etapa.
- **Reconhecimento do problema:** com o conhecimento que adquiriu na etapa anterior, o consumidor percebe que tem um problema. A partir de agora, ele começa a pesquisar mais o tema e a buscar soluções para o problema que reconheceu. É o momento de mostrar que a dor dele pode ser solucionada. Ofereça um e-book gratuito sobre

como deixar o espaço mais funcional ou truques para fazer a sala de estar parecer maior. Para adquirir o e-book, o cliente precisa preencher um formulário com seu e-mail. Note que você já conseguiu o contato dele.

- **Consideração da solução:** o cliente já sabe que tem um problema, sabe quais são as soluções para resolvê-lo e agora busca quem pode oferecer essa solução. Seu sentimento é de dúvida. Ele quer ter o máximo de informações possíveis antes de escolher a empresa que executará o trabalho. É a hora de mostrar que seu escritório tem os produtos ideais para resolver aquele problema. Você precisa se mostrar parceiro desse potencial cliente. Pode ser disponibilizando um grupo no WhatsApp ou no Telegram, no qual ele pode tirar dúvidas; pode ser oferecendo uma reunião on-line para falar sobre seu trabalho; ou até mesmo direcionando-o ao blog de seu escritório, em que você explica mais sobre seu trabalho. O importante é o cliente identificar o potencial de seu escritório e das soluções que você apresenta.

- **Decisão de compra:** é quando o cliente entende que seu escritório resolve o problema dele e se decide pela compra. Aqui o sentimento é de euforia e ansiedade. Ele encontrou a solução que procurava e quem pode conduzi-la. Ele quer, porém, entender como funcionará o cronograma e enxergar o resultado final do serviço contratado. Nesta etapa, é importante conquistar o cliente, mostrando os diferenciais que você tem a oferecer, para que ele não considere avaliar a proposta do concorrente e tenha segurança de ter feito a melhor escolha.

- **Pós-venda:** o projeto foi entregue e seu cliente está entusiasmado e muito satisfeito. Algumas vezes, o maior negócio está justamente na entrega e não no começo do projeto. É hora de acionar o pós-venda para fidelizar esse cliente, fazendo com que ele decida reformar outro cômodo da casa ou realizar uma obra, como construir outra casa ou uma casa na praia, por exemplo. Você pode lhe oferecer um brinde, como um projeto gratuito para que ele faça a obra. Ou se você fez um quarto de bebê, sabe que, em cinco anos, no máximo, esse cliente precisará reformar novamente esse espaço, então pode já acionar o cliente disponibilizando um benefício para quando for realizar esse projeto.

Aproveite também para mostrar que sua empresa oferece produtos diferentes que solucionam outras dores, lembrando a ele sua prateleira de produtos. É muito comum o cliente começar na empresa com o produto P e, depois, caminhar até chegar ao produto G. Mas, para isso, você deve lembrá-lo dos serviços que oferece, e isso acontece no pós-vendas.

É aqui também que você aciona as indicações. Aproveite a empolgação e peça ao cliente que indique seu escritório para amigos ou que publique as fotos do ambiente nas redes sociais, marcando sua empresa. Você pode até mesmo criar um programa de benefícios em que, a cada novo projeto fechado via indicação, o cliente que indicou ganha um prêmio.

O importante é não perder essa chance de promover ainda mais a sua empresa, adquirir mais clientes e fechar novos negócios. Como diz Rodrigo Noll, especialista em marketing de indicação, o pós-vendas é o novo vendas: "Assim que o cliente compra de você, ele está confiando em você e no seu produto. Assim se abre uma porta mágica para realizar diversas novas vendas".[30]

PERSONALIZE A JORNADA

Conhecendo essa jornada e sua persona, você agora é capaz de montar uma jornada personalizada de seu cliente. Leve em consideração as dores que ele busca resolver, as objeções (preço, prazo, perfil do projeto, entre outras), as inseguranças e as soluções que ele procura.

A partir daí, defina quais canais de venda você usará em cada uma das etapas, a fim de trazer esse cliente até você. Precisamos entender o perfil dele para impactá-lo de maneira assertiva. Atualmente, com as mídias sociais, há várias opções que podem ser exploradas. Como fazer isso?

Imagine que sua persona é o Felipe. Ele é casado, tem 35 anos, um filho que estuda em escola particular, renda familiar de 20 mil reais, gosta de jantar fora algumas vezes por mês, mas também de receber os amigos para preparar jantares em sua varanda gourmet. Informa-se assistindo a telejornais e por meio de portais na internet. Além disso, segue páginas nas redes sociais de assuntos de seu interesse, como viagens e esportes. Participa de grupos de WhatsApp do condomínio em que mora e da escola do filho. Como gosta de vinhos, faz parte de uma confraria da bebida.

Diante desse perfil, é possível constatar que os canais de descoberta dele são as redes sociais e a pesquisa no

---

30 NOLL, Rodrigo. [**O pós-vendas é o novo vendas**]. 22 nov. 2021. Instagram: @rodrigonoll. Disponível em: https://www.instagram.com/p/CWmDo9bLYKV/?utm_medium=share_sheet. Acesso em: 25 nov. 2021.

Google. Então vale investir em posts – alguns até patrocinados – mostrando alguns de seus projetos e das soluções para ambientes. Quando esse cliente ativo caminha, indo para o reconhecimento do problema, e quer tirar algumas dúvidas, você pode se disponibilizar para saná-las pelo *direct* do Instagram (mas responda mesmo, isso é muito importante) ou oferecer um canal de comunicação por meio do WhatsApp. Também é uma boa ideia gerar produtos gratuitos para que seu cliente conheça seu serviço. Conteúdo gera comunidade e comunidade gera conversão. Não se esqueça disso.

Na análise da solução, esse cliente pode ser acionado por meio de uma reunião on-line, até que ele decida realizar a compra – aqui uma reunião presencial e a entrega de um portfólio com seus vários projetos pode ser uma maneira de convencê-lo de que seu escritório é a melhor solução para o problema dele. No pós-venda, como sua persona participa de grupos de WhatsApp, invista nessa rede de contatos para captar novos clientes. Para isso, você pode criar um programa de indicação, por exemplo, ou oferecer um desconto para quem for desses grupos e fechar um projeto, ou simplesmente pedir ao cliente, que está satisfeito com o serviço prestado, que coloque um post com seus dados no grupo. Perceba o quanto isso pode ser interesse para seu escritório!

CUSTO DE AQUISIÇÃO DE CLIENTE

Quando conduz esse cliente ao longo da jornada, você está praticamente criando uma campanha de marketing em seu escritório. Isso, é claro, gera um custo para seu negócio, portanto o que será feito deve levar em consideração o custo de aquisição de clientes (CAC). É esse valor que dirá quanto você pode gastar para adquirir um novo cliente.

Você pode ter como estratégia de promoção dar um brinde para cada cliente que fechar um grande projeto. Ou pode escolher fazer vinte posts patrocinados no Instagram. Ou pode criar um anúncio no Google em que paga a cada clique do usuário. Independentemente de sua escolha, o que você precisa manter em mente é: sua empresa tem a capacidade de cobrir esse gasto? É importante que você saiba seu limite financeiro de custo para trazer esse cliente para dentro de seu negócio.

O CAC leva em consideração sua capacidade de atendimento do escritório e os gastos que a empresa tem por mês com promoção e marketing. Para chegar ao valor final, siga os passos:

1. Coloque em um papel todos os gastos que seu escritório tem com as ações de marketing e de vendas em determinado período. Aqui entram desde as ferramentas de automação usadas para esse fim, anúncios, posts patrocinados, salário da equipe de vendas e marketing, comissões pagas, treinamentos desses colaboradores, viagens, alimentação, enfim, tudo o que se refere exclusivamente a essas duas áreas.

2. Divida o total de gastos pelo número de novos clientes adquiridos no mesmo período. Vamos considerar aqui a capacidade de atendimento.

Exemplo: se em sua empresa o gasto com marketing e vendas em determinado período foi de 2 mil reais mensais e você conseguiu converter três projetos no mesmo período, então R$ 2.000,00 / 3 = R$ 667,00; o seu CAC é de 667 reais.

Agora compare esse valor com seu *ticket* médio de venda, ou seja, a quanto vende cada projeto. Ele se encaixa no valor sem comprometer seu lucro? Se a resposta for sim, então você sabe que os gastos em marketing e vendas de seu escritório estão ok. Mas, se seu CAC for maior do que seu *ticket* médio, é momento de parar e refazer a estratégia.

Vamos voltar ao exemplo do escritório João Chaves Arquitetura e Interiores. Suponhamos que ele tenha decidido que sua estratégia de marketing seria dar uma poltrona para cada cliente que fechasse um projeto M no mês de março. Com isso, ele conseguiu atingir sua capacidade de atendimento que era quatro projetos por mês.

Para o escritório, esses móveis tiveram um custo de 2 mil reais cada. Se são quatro projetos, o total seria de 8 mil reais. Mas ele tem outros custos de marketing, como posts patrocinados e anúncios que custam mil reais por mês. Assim: R$ 9.000 / 4 = R$ 2.250,00 – esse é o CAC.

Agora vamos comparar o CAC com o *ticket* do cliente. O projeto M no escritório João Chaves tem preço de venda de R$ 7.448,22, sendo que R$ 4.022,04 se referem ao custo fixo do projeto e para esse projeto ele precisa contratar um terceiro profissional, para as imagens 3D, que custa mais R$ 1.000,00. O valor do imposto pago foi de R$ 446,89, restando uma margem de lucro de R$ 1.979,32. Se gastou R$ 2.250,00 por cliente só em promoção, o escritório zerou a margem de lucro e ainda usou R$ 270,68 do custo fixo do projeto para cobrir o CAC. Sua ação, apesar de ter atraído clientes, deu prejuízo.

Portanto, o melhor é descobrir o valor ideal a ser usado em marketing e, então, decidir onde distribuir a verba a partir da jornada de sua persona.

Com esses números, antes de decidir promover, você entende até onde sua empresa pode ir. E isso você valida no planejamento estratégico que aprendeu no capítulo anterior. Se sua empresa tem fôlego para aguentar esse prejuízo em um mês, siga em frente. Se esse custo está dentro de seu planejamento financeiro, ok. Mas não adianta fazer no chute, achando que está atraindo clientes e que isso será positivo para seu negócio. Quando a conta não fecha, esse problema tem que ser eliminado imediatamente.

TÉCNICAS DE NEGOCIAÇÃO[31]

Se marketing é vendas, então não há melhor momento para falar sobre técnicas de negociação do que neste capítulo. Desde o post que você faz no Instagram, passando pela imagem que publica no Pinterest, pelo visual de sua proposta de orçamento até seu comportamento na hora de fechar o contrato: todos são considerados momentos de negociação. Com a pulverização das mídias sociais ficou mais fácil se promover, mas, por outro lado, a concorrência também aumentou muito – o que obrigou os empreendedores a serem ainda mais cuidadosos com a maneira com que tratam seus clientes.

Hoje, até mesmo curtir um post faz diferença. Estar nas redes sociais é se comunicar com quem está do outro lado. Se você publica um post um dia e depois fica quatro dias sem aparecer, se não curte o que outras pessoas publicam, se não responde aos *directs*, se não interage nos comentários, você simplesmente desaparece. Isso deve fazer parte de sua estratégia. Se

---

31 Conteúdo elaborado em parceria com Marcos Nascimento, especialista em marketing e vendas aplicado ao setor de arquitetura e design de interiores.

não consegue responder a todas as solicitações ou publicar em todas as redes sociais (claro que nem precisamos dizer o quanto é importante ter seu perfil nas redes sociais), limite onde quer aparecer. Você não precisa estar no Facebook, no LinkedIn, no Instagram, no Pinterest, no YouTube e ter um site ao mesmo tempo. É melhor escolher as duas ou três redes em que seu público está mais presente e concentrar seus esforços nelas do que estar em todas e não aparecer para ninguém.

O que sabemos, porém, é que o Pinterest, por exemplo, é uma necessidade do arqdecor, pois é uma rede prioritariamente visual. Já o Facebook permite fazer o gerenciamento de anúncios e controlar seu alcance. O LinkedIn fala direto com clientes corporativos – se seu setor é o corporativo, então precisa estar lá. Note que cada uma tem as próprias características e leve isso em conta na hora de escolher em quais deseja aparecer. Além disso, considere o mapa da empatia que ensinamos a montar no Capítulo 6.

Como falamos, porém, a negociação envolve outros aspectos. Vamos elencar cada um deles aqui. Assim você vai conseguir acioná-los de maneira prática e rápida.

COMUNICAÇÃO DE ACORDO COM O PÚBLICO

Você já conhece sua persona, sabe seus gostos, onde vive, o que faz profissionalmente e tem outras informações que o ajudam a entender melhor essa pessoa. Portanto, sua comunicação deve também ser direcionada para esse perfil. Se sua persona é formal, use o mesmo tom para falar com ela, seja pessoalmente ou nas redes sociais. Se é um público mais jovem, trate-o de um modo mais contemporâneo. Sua exposição sempre deve estar alinhada ao público que atende.

ENCARE O PROJETO QUE VOCÊ ELABORA COMO UM PRODUTO QUE DEVE SER VENDIDO.

CRIE UM PORTFÓLIO PROFISSIONAL

Você faz uma enorme obra e, quando a entrega, não tira fotos dela – nem mesmo com seu celular. Esse é um erro que compromete todo seu trabalho. Você precisa desse material – e de boa qualidade, feito por um fotógrafo profissional e especialista em arqdecor – para criar um portfólio e também para usar nas redes sociais, em seu site ou em futuras propostas. Você pode até postar ou mostrar para outros clientes os projetos em *render*, mas não dá para trabalhar só com desenhos. Lembre-se de que o cliente que procura um profissional de arqdecor deseja conhecer sua identidade criativa antes de contratá-lo, e isso só é possível com fotos.

Mas atenção: antes de fotografar qualquer reforma ou obra que fizer, tenha uma autorização do cliente que lhe garanta tal direito. O melhor é já colocar no contrato uma cláusula em que ele autoriza a realização das fotos e o uso delas em sua publicidade.

USE O ÁUDIO DO WHATSAPP

O áudio do WhatsApp é uma poderosa ferramenta de comunicação entre o profissional de arqdecor e o cliente. Sempre que o cliente autorizar – pode ser que ele prefira outro meio de contato –, use-o durante o projeto. Isso cria uma relação mais humanizada e ainda evita possíveis mal-entendidos por pura interpretação errada do texto.

A QUESTÃO DO TIKTOK E DO REELS

Tanto o TikTok quanto o Reels – que é uma funcionalidade do Instagram – caíram no gosto popular pelas dancinhas engraçadas ou piadas repetitivas. Você pode até usar essas funcionalidades, mas precisa ser de uma maneira profissional. Então aproveite para mostrar um detalhe da decoração, uma solução encontrada, mas nunca para dançar ou contar piadas.

PROPOSTA DE ORÇAMENTO

Em um setor extremamente visual, é difícil acreditar que a maioria dos escritórios de arqdecor ainda envia o orçamento para o cliente digitado em uma página do Word. Como o profissional quer mostrar valor se ele não entrega valor em sua proposta? Aproveite essa oportunidade e crie uma proposta com imagens de projetos que já fez, um logotipo bacana do escritório, uma frase indicando seu propósito. Tudo isso faz diferença para quem está do outro lado.

Você não precisa criar uma comunicação visual para cada proposta que enviar. Crie um modelo de documento e utilize-o. Isso agilizará a produção e você entregará uma proposta com outro valor para seu cliente.

FAÇA PERGUNTAS INTELIGENTES

Antes de se reunir com o cliente, seja de maneira presencial ou on-line, você já teve um primeiro contato com essa pessoa por telefone. Nesse momento, mais do que obter um briefing e saber se ele gosta mais de fogão a gás do que fogão elétrico, aproveite para bater um papo com esse cliente e fazer perguntas inteligentes para conhecê-lo. De maneira sutil, pergunte:

- **Como chegou até mim?** Você já consegue entender se suas estratégias de divulgação estão dando certo.

- **Qual é o nome do empreendimento em que você vai morar ou em que bairro fica?** Você sabe quanto custa o metro quadrado da construção nesse local e tem noção do perfil desse novo cliente.

- **Onde mora hoje?** Para saber onde ele está e para onde está indo.

- **Você vai morar nesse lugar com mais alguém?** Você consegue filtrar se há mais algum tomador de decisão envolvido na negociação. Tente fazer com que essa pessoa compareça à reunião de apresentação da proposta.

- **Onde você trabalha?** Mais uma informação que indica o perfil do cliente.

- **Você já teve alguma experiência com um profissional de arqdecor?** Se ele disser que sim, isso indica que, provavelmente, teve algum problema com o profissional anterior, afinal agora está procurando seu serviço. É preciso entender o que lhe desagradou para que os mesmos erros não sejam cometidos por sua equipe. Se a resposta for não, significa que esse cliente ainda precisa conhecer como funciona o trabalho de um profissional de arqdecor e será importante detalhar sua maneira de trabalhar, ou seja, tudo o que há por trás da proposta.

- **Como foi a experiência? Do que mais gostou?** Informação importante para detalhar para sua equipe o que fazer e o que não fazer.

- **Qual é o principal motivo de estar me contratando?** Você tem pistas do que esse cliente espera de você.

- **Quanto está pensando em investir?** Apesar de essa pergunta ser importante, só a faça se você tiver abertura para isso. Do contrário, o cliente pode se sentir constrangido e o efeito será o contrário do esperado. Em vez de se interessar por seu trabalho, o cliente pode se assustar e desistir do negócio.

- **Vou montar um projeto exclusivo para você. Quando eu posso apresentá-lo?** Você cria empatia mostrando o cuidado em apresentar um projeto que tem o perfil do cliente e depois já joga a isca para que a reunião de apresentação seja presencial. Você já descarta o envio por e-mail. Você vai entender a importância dessa ação na sequência.

SEJA UM NEGOCIADOR

Quando o cliente vai para uma reunião em que será apresentado um orçamento, ele vai pronto para negociar. Com raras exceções, o cliente será sempre um negociador. Então prepare-se para fazer o mesmo. O arquiteto e o designer de interiores que não se tornam negociadores profissionais são engolidos pelo cliente. Saia do escritório disposto a fechar um contrato!

NÃO ENVIE O PROJETO, APRESENTE-O

Mesmo que o cliente solicite receber o projeto por e-mail, insista em entregá-lo pessoalmente. Avise que é uma maneira de atendê-lo de maneira exclusiva. Enviar o projeto por e-mail só faz sentido quando seu modelo de negócio é focado no volume altíssimo de projetos. Assim, o contato com o cliente só acontece depois que ele demonstra interesse pelo projeto e pela proposta apresentada.

Aproveite a reunião para conversar com seu cliente, mostrar aquele portfólio profissional que você preparou, e apresentar todas as etapas de seu trabalho. A ideia é que o cliente fique ciente do trabalho que terá, mas que você cuidará de tudo. Aproveite também para escutar o que ele tem a dizer. Esse papo inicial pode render dicas a serem usadas na negociação.

Somente depois disso mostre o projeto e a proposta. Para impressioná-lo, use a tática dos preços quebrados. Se o orçamento deu 20 mil reais, use 19 mil 990 reais, por exemplo, e já apresente a possibilidade de pagar em duas ou três vezes. Nesse primeiro momento, não fale nada, nem mesmo verbalize o valor que está no papel. Deixe que o cliente analise tudo em silêncio. Enquanto isso, observe sua linguagem corporal. Dependendo da maneira como ele reagir, você saberá se ele se interessou ou achou o valor alto. Se ele traz o papel para perto de si, significa que ainda está analisando. Se ele afasta o papel, significa repulsa. Se ele mostra o papel para a pessoa que o acompanha, como o parceiro, significa que eles conversaram antes e combinaram uma faixa de preço para gastar.

Deixe que o cliente seja o primeiro a falar e escute com atenção o que ele tem a dizer. Quem mais escuta é o que mais vende, tenha certeza.

Caso o cliente diga que vai pensar ou que vai avaliar e depois entra em contato, é hora de acionar seu lado negociador. Não deixe que ele vá embora sem lhe oferecer outras condições. Pergunte: o que falta para fecharmos o contrato agora? O que eu posso fazer para que isso aconteça e comecemos a trabalhar nesse projeto na semana que vem (ou daqui a duas semanas)? Está dentro de seu orçamento?

Com as respostas, abra uma negociação. Mostre para o cliente que você está interessado em atendê-lo e ofereça ajustes, como uma condição de pagamento maior. Se você ofereceu um parcelamento em três vezes, mude para quatro. Proponha: "Se eu aumentar uma parcela, isso atenderá a sua expectativa?". A ideia é evitar dar abertura para que ele escute a proposta de outros profissionais ou peça desconto. Quando isso acontece, você está mexendo em sua margem de lucro e precisa estar preparado para esse cenário.

Caso o cliente aceite a proposta, aperte sua mão e confirme o acordo. Na mesma proposta e com a caneta mesmo, coloque a nova condição acordada e peça ao cliente que dê um visto. Avise que vai redigir o novo contrato, mas que vocês já firmaram um compromisso e que confia na palavra do cliente. Claro que essa proposta não tem valor legal, mas o cliente se sente comprometido com você e dificilmente desiste. Isso só acontecerá se ele se sentir enganado ou perceber que o profissional está agindo de má-fé.

Durante a negociação, evite dizer "não consigo", pois isso leva o cliente para outro profissional. Só desista da negociação se, depois que colocar todas essas cartas na mesa, o cliente continuar insistindo em "pensar mais um pouco".

FAÇA O *FOLLOW-UP*

Caso o cliente fique de analisar sua proposta, invista no *follow-up*. Não dá só para deixar que ele volte a entrar em contato com o escritório quando achar melhor. Acredite: um cliente nunca faz um orçamento só com um escritório. O profissional de arqdecor que pensa que é a única opção do cliente se engana profundamente. Então não entregue o orçamento e apenas espere. Ligue para o cliente, pergunte o que achou, quando ele pretende fechar o contrato, se ele tem alguma dúvida. A ideia é não dar espaço para a concorrência e conquistar de vez o cliente.

Agora você já conhece o método dos 7 Ps do profissional de arqdecor empreendedor e tem em suas mãos um manual para mudar a realidade de seu negócio. Aqui apresentamos o método que já aplicamos em muitas empresas, e todas elas conseguiram sair do ponto em que estavam e transformar o escritório em um novo negócio. No começo, vai dar trabalho. Afinal, organizar uma casa que está há anos desarrumada leva tempo, mas garantimos que o resultado será compensador. Acredite, vale a pena!

Para saber mais sobre o assunto, acesse:

https://livroarquitetoempreendedor.com.br/promocao

capítulo 11

CRESCIMENTO SUSTENTÁVEL E COM RESULTADOS: SUA META

Responda-nos com sinceridade: há quanto tempo você pensava em mudar o rumo de seu escritório de arquitetura e decoração, mas não sabia como sair do lugar? Há um ano, dois anos, dez anos? Arrumar uma casa que está desarrumada há muito tempo é realmente desafiador. Mas note como usamos o verbo saber. Falamos *sabia*, no passado, porque agora você tem um método que vai conduzi-lo no caminho para um crescimento sustentável.

Se você chegou até aqui é porque está empenhado em mudar sua realidade. Acredite, você já deu um grande passo. Você tirou de si mesmo aquele conceito antigo de que escritório de arquitetura e decoração é um negócio de uma pessoa só e conseguiu ver que ele pode ser uma empresa que caminha sozinha, capaz de escalar e com uma marca forte no mercado.

Mas o que mudou do começo deste livro para agora?

É que você ganhou conhecimento, e quem tem conhecimento não volta à estaca zero. Não temos aqui a pretensão de dizer que todos os seus problemas desaparecerão, mas você aprendeu a olhar sua empresa de maneira panorâmica, como um jogo de xadrez, e não mais na horizontal. Tem todas as informações de como mexer as peças desse tabuleiro – precificação, prototipação, persona, plataformas, processos, planejamento e promoção – e ganhar esse jogo.

PIRÂMIDE DE MASLOW

Em psicologia, existe um conceito bem conhecido que é a Pirâmide de Maslow. Trata-se de uma teoria criada pelo psicólogo estadunidense Abraham Maslow, em que ele elenca as necessidades humanas de acordo com suas prioridades e a capacidade de motivar os indivíduos para diferentes situações.[32]

Ela é composta de cinco camadas que representam as necessidades humanas.

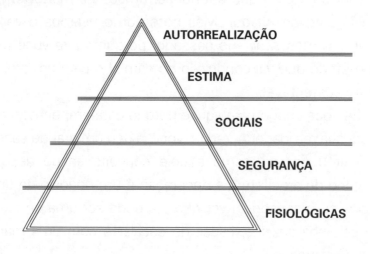

---

[32] PIRÂMIDE de Maslow: entenda a hierarquia das necessidades. **Rock Content**, 18 fev. 2019. Disponível em: https://rockcontent.com/br/blog/piramide-de-maslow/. Acesso em: 3 dez. 2021.

Em que:

- **Fisiológicas:** são as necessidades atreladas à sobrevivência, como respirar, descansar, se alimentar, se hidratar, se aquecer no frio e assim por diante.

- **Segurança:** são aquelas ligadas à sua autopreservação, como cuidados com a saúde, a necessidade de buscar um abrigo, ter estabilidade, ter um emprego, ter recursos financeiros.

- **Sociais:** depois de suprir as necessidades básicas e de preservação, o ser humano tende a olhar seu círculo social a fim de fazer parte dele. Entram, assim, os relacionamentos amorosos, familiares, com os amigos, com os colegas de trabalho.

- **Estima:** é a necessidade do ser humano de se sentir valorizado, então ele é motivado pela aceitação, confiança, conquista, pelo respeito dos outros, pela autoridade.

- **Autorrealização:** são as necessidades atreladas às conquistas pessoais, como moralidade, ausência de preconceitos, superação, autocontrole, sabedoria, independência.

O que a pirâmide mostra é o caminho das pessoas em busca de sua autorrealização, que é o topo da pirâmide. De acordo com Maslow, a satisfação das necessidades supridas em uma camada da pirâmide estimula a pessoa a sentir as necessidades da camada superior com mais intensidade. Por isso, a pessoa vai caminhando, como uma evolução, até chegar ao topo.

Agora imagine que essa pirâmide é o método que você aprendeu. Você começou pelo básico e essencial, a fim de suprir as necessidades de sua empresa, e seguiu, etapa por etapa, até chegar ao topo, que é o sucesso de sua empresa e sua autorrealização.

Veja:

Em que:

- **Administração básica:** são as informações básicas, como separar as contas físicas e jurídicas e a importância de criar uma marca para seu escritório.
- **O que vender:** quando você conheceu as necessidades básicas de sua empresa, adquiriu consciência do produto que vende e, então, conseguiu criar sua prateleira de produtos e definir a precificação.
- **Para quem vender:** é sua autoidentificação. "Eu me reconheço como marca, tenho meus produtos e respeito meus clientes". Assim, você adquiriu a consciência do que está vendendo e para quem está vendendo.
- **Estima do negócio:** você desenvolveu autoconfiança ao colocar todas as etapas anteriores em ação, consegue planejar sua empresa e caminhar para a próxima camada.
- **Sucesso:** você tem o controle das informações e os números de sua empresa na mão, sendo capaz de controlá-la e assumir definitivamente seu crescimento e sucesso.

A pirâmide do profissional de arqdecor empreendedor mostra que o sucesso é atingível – basta seguir todas as etapas e ter consciência do lugar em que se está. Você não precisa correr para chegar ao topo, mas se preparar para quando chegar lá. Bruno Nardon, um dos mais experientes empreendedores do país, diz que: "Ao fazer planos, pense grande. Ao progredir, pense pequeno".[33] Portanto, vá devagar, nada acontece do dia para a noite, mas mantenha a consistência e o topo da pirâmide chegará.

Ao longo deste livro, apresentamos histórias de muitos arquitetos que passaram por problemas parecidos como o seu, mas que foram capazes de progredir. Vamos agora apresentar mais um. Giulia tinha um escritório há cinco anos, mas os clientes estavam cada vez mais raros. Ela não entendia o que os afastava. Quando começou a aplicar a metodologia, não demorou muito para descobrir o problema: seu cliente não combinava com o produto que o escritório ofertava, estavam em desacordo. O que ela fez não foi mudar toda a sua operação e muito menos buscar clientes de outro perfil. Em vez disso, ela criou uma prateleira de produtos em que o serviço que oferecia antes se tornou o *premium*, e passou a oferecer outros dois produtos, com menos horas de trabalho e preços mais acessíveis. Foi um ajuste pequeno, mas teve um resultado espetacular. Meses depois, os novos produtos se tornaram o carro-chefe da empresa, e os clientes entenderam que podiam pagar por eles.

Por que estamos contando mais uma história? É para mostrar que tudo é possível quando você se compromete

---

33 NARDON, Bruno. [**O boom dos unicórnios na América Latina**]. 28 nov. 2021. Instagram: @bruno.nardon. Disponível em: https://www.instagram.com/p/CW0x-41M 2Mz/?utm_medium=copy_link. Acesso em: 3 dez. 2021.

com o que está fazendo. O sucesso não será imediato – Giulia precisou aguardar alguns meses, – mas ele virá gradualmente à medida que você colocar cada etapa em ação.

ORGANIZE SUA VIDA

Talvez você esteja pensando: *Eu já sei como é o método, quero implementá-lo, mas tenho entregas atrasadas e assim não vou conseguir seguir em frente.* Sim, é comum que isso aconteça porque antes você não tinha as informações para analisar sua capacidade de atendimento e evitar esse caos. No entanto, não é motivo para desistir. Aliás, você pode começar a aplicar o que aprendeu agora mesmo. Analise sua precificação, sua prototipação e chegue à sua capacidade de atendimento. Com essa informação, você já sabe quanto tempo precisa para colocar ordem na casa. Digamos que sua capacidade de atendimento é de quatro projetos por mês e você tem cinco para entregar. Então sabe que precisará de pouco mais de um mês para entregá-los. Nesse período, o ideal é que não pegue novos projetos para entrega imediata. Converse com o cliente, avisando-lhe que deseja entregar um trabalho de qualidade, que quer atendê-lo com exclusividade (coloque as técnicas de negociação que você aprendeu em jogo), mas que, naquele momento, o prazo de entrega não é mais de um mês, e sim de dois meses. Perceba: você não descartou o cliente, apenas o segurou agora para entregar depois.

Nesse tempo, concentre-se em fazer suas entregas. O que vai motivá-lo é saber que tem condições de organizar o que ficou parado e fará isso de modo organizado, porque conhece os números de sua empresa. Sua tomada de decisão não será mais um palpite, mas feita sobre uma base sólida, realizada com base em dados.

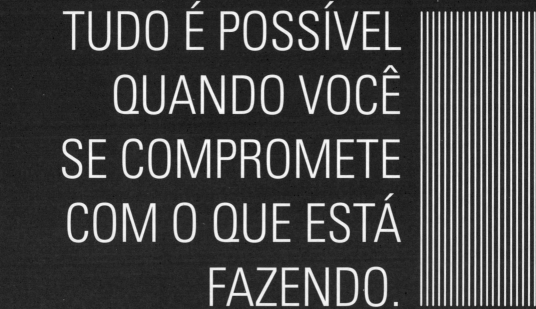

Você também poderá optar por terceirizar uma parte da operação para conseguir fazer essas entregas. Como tem os números na mão e sabe que esse é um período transitório, talvez seja uma boa opção.

Fazer escolhas faz parte da vida do empreendedor. Algumas darão certo e outras nem tanto. Isso é motivo para desistir? Não! O bom empreendedor sabe que ele está em uma constante corda bamba, mas que pode evoluir com tudo o que passa. Deu certo? Ótimo. Não deu? Vamos aprender para não voltar a repetir o erro. O empreendedorismo está em constante evolução, sempre há uma ferramenta nova, uma maneira de solucionar problemas, de gerir seu escritório. Faz parte entender que você não sabe tudo e que está disposto a melhorar. Ninguém está 100% pronto.

Agora, porém, você está preparado. O escritório vizinho, que antes você olhava e não conseguia entender como ele tinha sucesso e você não, agora serve como *benchmarking*. Ou seja, você enxerga as melhores práticas usadas por ele e as traz para dentro de seu negócio. Entendeu como sua visão mudou? Você se colocou no mesmo patamar de outras empresas do setor.

Seu caminho daqui para a frente é um traço ascendente. Não há por que não ser. Mire o futuro e siga em frente. Você consegue!

Para saber mais sobre o assunto, acesse:

https://livroarquitetoempreendedor.com.br/a-sua-meta

capítulo 12

VOCÊ É UM PROFISSIONAL DE ARQDECOR EMPREENDEDOR

Parabéns! Você chegou ao último capítulo deste livro. A partir de agora, seu escritório nunca mais será o mesmo. Aliás, nem você é a mesma pessoa. Você agora é um empreendedor e aquele sonho de quando entrou na faculdade – que era viver de arquitetura ou design de interiores – está cada vez mais forte e vivo.

Você encontrou a força e o conhecimento de que precisava para reassumir as rédeas de sua carreira profissional, que, em algum momento e por inúmeras circunstâncias que já comentamos aqui, se perderam. Mas isso ficou no passado.

No dicionário, um dos significados da palavra projetar é planejar.[34] É isso que você tem condições de fazer a partir de agora com seu escritório.

O que queremos é que aproveite as oportunidades que o mercado de construção civil oferece, e isso vai acontecer quando profissionalizar sua empresa. Assim como

---

34 PROJETAR. *In*: **Dicionário Michaelis de Língua Portuguesa**.

queremos que você não precise mais passar as vinte e quatro horas de seu dia no escritório. Com a equipe que montou, você consegue delegar as tarefas e olhar para outras questões. A fase de águas turbulentas passou e seu negócio caminha sozinho.

Imagine uma piscina em que você entre sozinho nela e decida colocar a água em movimento circular. Então começa a correr em círculos pelas beiradas a fim de criar um fluxo. No começo, a água é pesada, demora para ganhar ritmo. As pessoas que estão do lado de fora decidem que vão ajudá-lo. Pula um, depois outro e mais um. Mas ainda são poucas pessoas e todos precisam fazer muita força para a correnteza se formar. Quando isso acontece, o movimento circular passa a ser mais fluido e mais forte, tanto que você consegue sair da piscina e a água continua a rodar.

Agora imagine que a piscina é sua empresa e que a água são os processos internos. No começo, tudo é mais pesado e desordenado, há poucas pessoas ajudando. Com o passar do tempo, porém, você organiza o fluxo – a correnteza se forma – até que você consegue sair e a empresa continua a funcionar. Você só participa do conceito criativo e de alguma outra função se desejar. Isso é possível e você vai chegar a esse ponto.

Foi assim no caso de Daniela que, já no primeiro ano de seu escritório, percebeu que, mesmo com clientes, não conseguiria crescer. Ao aplicar a metodologia, entendeu que não precisava fazer todos os processos, mas criar uma boa equipe, delegar as tarefas para as pessoas certas e que sua função era controlar a operação. Assim, quanto menos ela participava do negócio, mais sua empresa crescia. Isso aconteceu porque, ao sair do operacional, ela enxergou melhor todas as peças do jogo e fez os ajustes necessários. Com o escritório organizado e usando as plataformas certas, Daniela conseguiu mais tempo para criar outros negócios e agora, além do escritório, possui outras três empresas.

Temos certeza de que há muitas ideias surgindo em sua cabeça e que sua vontade é fechar este livro e correr para colocar tudo em ação. Esse é o poder dos 7 Ps do profissional de arqdecor empreendedor. Mas, calma, já, já você fará isso. Antes, permita-nos nos despedir de você. Sabemos que a evolução é um processo contínuo. Sempre há algo para melhorar, para aprimorar. Então, se em algum momento você achar que precisa fazer ajustes no método, não se intimide. Vá em frente.

Uma das grandes vantagens de ter os números da empresa na mão é conseguir realizar as mudanças pensando em constante melhoria, mas com a segurança de quem sabe o que está fazendo.

Antes de finalizar, contaremos só mais uma história para você se inspirar.

A Atee Arquitetura[35] atuava no setor oferecendo elaboração de projetos e execução de obras, apesar de, nitidamente, seu forte ser a realização de projetos. Porém, como ia muito bem projetando e os números de obras não eram tão bons, o resultado final do escritório ficava abaixo do planejado. Uma área sempre tinha que cobrir a outra. A empresa, então, desmembrou a operação, abrindo duas unidades de negócios independentes, cada uma especialista nessas respectivas áreas. Com isso, conseguiram ter mais clareza dos custos e lucros de cada unidade de negócio e criar planejamentos estratégicos também independentes.

---

35 Nome fictício para preservar a identidade da empresa. (N. E.)

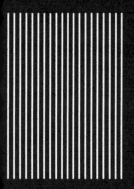 A EVOLUÇÃO É UM PROCESSO CONTÍNUO.

Além disso, usando a metodologia, o escritório acertou sua prototipação, precificação e persona. Com a nova prateleira de produtos, ele fez menos projetos do tipo G e mais do tipo M, que permitiram uma entrega mais rápida e com melhor qualidade, pois eles tinham mais tempo para executar cada um deles. Os resultados foram surpreendentes. No primeiro ano da mudança, a meta era fazer trinta projetos. O número foi batido em outubro, dois meses antes do previsto. O faturamento foi maior que o do ano anterior e a margem de lucro dobrou. No segundo ano, o escritório aumentou a equipe e fechou quarenta projetos em doze meses.

Inspiradora essa história, não é? Agora é a sua vez.

Sua nova jornada como profissional de arqdecor empreendedor está começando e tem tudo para ser tão grandiosa como a da história que contamos. Acredite: você pode e consegue!

Para saber mais sobre o assunto, acesse:

https://livroarquitetoempreendedor.com.br/profissional-que-empreende

Este livro foi impresso pela Loyola em papel pólen bold 70 g/m² em março de 2022.

Para saber mais sobre os autores, acesse:

https://livroarquitetoempreendedor.com.br/quem-somos